Cucina Italiana handbook

完全版 イタリア料理手帖

池田愛美 池田匡克

目次　Indice

イタリア料理とは…

イタリア各州ごとの地域性 La cucina regionale d'Italia ……… 6

ヴァッレ・ダオスタ州 Valle d'Aosta ……… 7
ピエモンテ州 Piemonte ……… 7
リグーリア州 Liguria ……… 8
ロンバルディア州 Lombardia ……… 8
トレンティーノ・アルト・アディジェ州 Trentino-Alto Adige ……… 9
フリウリ・ヴェネツィア・ジュリア州 Friuli Venezia Giulia ……… 9
ヴェネト州 Veneto ……… 10
エミリア・ロマーニャ州 Emilia-Romagna ……… 10
トスカーナ州 Toscana ……… 11
ウンブリア州 Umbria ……… 11
マルケ州 Marche ……… 12
ラツィオ州 Lazio ……… 12
アブルッツォ州 Abruzzo ……… 13
モリーゼ州 Molise ……… 13
カンパーニア州 Campania ……… 14

プーリア州 Puglia	14
バジリカータ州 Basilicata	15
カラブリア州 Calabria	15
シチリア州 Sicilia	16
サルデーニャ州 Sardegna	16

第1部
イタリア料理一皿解説

前菜 Antipasto	17
プリモピアット Primo Piatto	31
セコンドピアット Secondo Piatto	63
付け合わせ Contorno	83
ドルチェ Dolce	93

第2部
イタリア料理の素材、特徴、基礎知識 Conoscenze principali

	111
珍味、希少食材 Prodotti rari	112
保存食品 Conserve	114
トマト各種 Pomodori	115
野菜 Verdure	116
豆、米、穀物 Legumi, risi, cereali	118
肉製品 Salumi	120
チーズ図鑑 Formaggi	128
オリーブオイルの多様性 Olio d'oliva	134
代表的なオリーブオイル Oli d'oliva DOP	135
バルサミコ Aceto balsamico	138
塩 Sale	139
パスタの地域性とパスタ図鑑 Pasta	140
ロングパスタ Pasta lunga	141

ショートパスタ Pasta corta	142
生パスタ Pasta fresca	144
その他のパスタ Pasta variante	146
地域色豊かな日常のパン Pane	148
ピッツァのムーブメント Movimento della pizza	152
ストリートフード百花繚乱 Street food all'italiana	154
イタリアワインを理解する鍵 Vino	156
バールの飲み物図鑑 Bar	162
バールのコーヒー Caffè	163
食前酒、食後酒 Bevande alcoliche	164
イタリア料理基礎知識 Conoscenze basilari della cucina italiana	166
イタリア料理の近現代史 Cronaca della cucina italiana	172
肉の部位別イタリア語 Sezionatura di carne	174
イタリア料理の基礎単語辞典 Glossario	176
索引 Indice	
[第1部] 料理名 50音順	185
[第1部] 料理名 アルファベット順	188

本書の特徴と使い方

第1部
イタリア料理一皿解説

押さえておきたい基本のイタリア料理から各地方の典型的な料理はもちろん、薀蓄として語れば盛り上がるレジェンド料理やレアメニューを厳選。

❶ 前菜、プリモピアット、セコンドピアット、付け合わせ、ドルチェの5項目に分けて、写真入りで紹介。

❷ 料理名は日本語・イタリア語併記。登場順はポピュラーな料理からだが、巻末には索引掲載。辞書代わりにアルファベット順、50音順で見たい人にも嬉しい二通りの索引!

❸ イタリア料理は地方料理の集合体。その料理が生まれ、食べられる主な地域を明記した。まさに「所変われば料理も変わる」。イタリア現地の料理店メニューにも地域性が色濃く反映されている。

❹ イタリア現地のリアリティある写真に、美味探求フィールドワークを在伊18年にわたり蓄積してきた著者による詳細解説。料理の背後に歴史あり、宗教あり、読んで深まる知識の泉! イタリア料理攻略の最高のナビゲーターになることだろう。

第2部
イタリア料理の素材、特徴、基礎知識

※もっとイタリア料理を知りたいあなたのための最強情報集
※食材情報がジャンルごとにコンパクトにまとまったミニ図鑑!
※カフェや専門店でも困らない用語集
※イタリア料理の基礎単語辞典などイタリア旅行には必携

La cucina regionale d'Italia

イタリア料理とは…

イタリア各州ごとの地域性

イタリアは、1861年にイタリア王国として統一されるまで、小さな国の寄せ集めであった。国ごとに異なる文化風習があり、その国のなかでもさらに土地ごとに異なる文化風習が育まれてきた。食においても然り。時代の流れとともに次第に薄れてきてはいるものの、今もなお、食の地方性は脈々と息づいている。まず、各地方ごとの特性を気候や歴史とともに把握することによって、イタリア料理とはなんなのか、その概要が見えてくる。

ヴァッレ・ダオスタ州

Valle d'Aosta

【面積】3,263.22㎢ 【人口】128,298 人

【州都】アオスタ　Aosta

イタリア最小の州にして4000メートル超の山が40以上もある北西端の州。フランスとスイスとに国境を接し、原住民はフランス系、公用言語はイタリア語とフランス語を併用する。食においても、フランス・スイスの影響が見られ、チーズとバターを多用し、オリーブオイルはほとんど使わない。また、冬は雪に覆われるため、煮込み料理のバリエーションが豊富。DOP（原産地保護呼称）に認定されている食品には、チーズフォンデュに用いられるフォンティーナ、生ハムのジャンボン・ドゥ・ボス、塩漬け豚脂のラルド・ダルナッドなどがあり、そのどれもに共通するのが、マイルドで繊細な味わい、そして生産量が極端に少ないことで、州外にはあまり流通しない。

ピエモンテ州

Piemonte

【面積】25,401.85㎢ 【人口】4,424,467人

【州都】トリノ　Torino

フランスと国境を接し、長くフランスのサヴォイア家が統治してきた土地であるため、食文化はかなりフランスに近いが、南を接するリグーリア州の影響も少なくない。その例がバーニャ・カウダで、ピエモンテ州のニンニクとリグーリア州のアンチョビを使ったソースは象徴的だ。チーズのバリエーションが豊富で、米を多用し、ペペローニ（パプリカ）やカルド（あざみの一種）など野菜の栽培が盛んである。しかしなんといっても有名なのは白トリュフで、10月から12月の採取期間中は、白トリュフをかけたリゾットやタヤリン(手打ちパスタ)、卵料理に人気が集中する。また、食文化の現代史に大きな足跡を残したスローフード運動が始まったのも、ピエモンテ州である。

リグーリア州
Liguria

【面積】5,420.97㎢ 【人口】1,583,263人
【州都】ジェノヴァ　Genova

リグリア海の海岸線に沿って東西に細長く、しかも海岸の近くまでアペニンの山々が迫るため急な断崖絶壁が土地のほとんどを占めるこの地は、農業よりも交易で発達してきたという歴史がある。それでも、タジャスカ種のオリーブオイル、アンチョビなどの加工品も含む魚介、船乗りが洋上暮らしで欠乏するビタミンを補うものとして発達したバジリコたっぷりのペスト・ジェノヴェーゼなど、数は少ないが、リグーリア州独特の産物がある。料理の中心はやはり魚介で、フリットやグリルなどシンプルな調理が一般的。また、オリーブオイルを使ったさまざまなフォカッチャや、ひよこ豆粉の生地を揚げたパニッサなどおやつ的な粉食が充実している。

ロンバルディア州
Lombardia

【面積】23,862.86㎢ 【人口】10,002,615人

【州都】ミラノ　Milano

ビジネスの街ミラノを擁するこの州は、実は全域に渡って農業が行われている。北イタリアを西から東へと横切る大河ポー川を含む一帯の平野では米作、酪農が盛んだ。特にチーズは、ゴルゴンゾーラ、マスカルポーネなど世界に知られた製品がある。北部スイス国境あたりでは珍味とされる伝統食材が少なくなく、例えば、ヴァイオリンのように肩に当てて薄く削ぐヤギの生ハムや、キャベツと一緒に煮込むパスタ料理「ピッツォッケリ」に用いられるソバ粉の生産など、ロンバルディア州の食は奥が深い。また、ミラノ風リゾットやミラノ風カツレツなどの伝統料理から、最先端ガストロノミーを謳う高級料理までを味わえることから、ミラノは食の都とも讃えられている。

トレンティーノ・アルト・アディジェ州

Trentino-Alto Adige

【面積】13,606.87k㎡　【人口】1,055,934人

【州都】トレント　Trento

南北に流れるアディジェ川岸のサロルノを堺に、南はトレントを県都とするトレンティーノ、北はボルツァーノを県都とするアルト・アディジェに分かれ、特に後者は南チロル地方とも呼ばれ、ドイツ文化圏に属する。食文化にも違いがあり、北はパンから作る団子カネーデルリ、薫製をかけた生ハムのスペックやボイルして食べるソーセージ、キャベツを塩と酢に漬け込むクラウティ（ザワークラウトに同じ）、長期保存可能なライ麦パンなど非常にドイツ的であり、また、イタリア随一のリンゴの産地である。一方、南はヴェネト州の影響が大きく、ポレンタをよく食べ、また、夏から秋にかけてはキノコの採取が盛んで、250種以上ものキノコが食卓を賑わす。

フリウリ・ヴェネツィア・ジュリア州

Friuli Venezia Giulia

【面積】7,854.85k㎡　【人口】1,227,122人

【州都】トリエステ　Trieste

最北東端に位置するこの州は、オーストリア＝ハンガリー帝国とヴェネト州の影響を受けながら、独自の食文化を形成した。グーラッシュ（パプリカ風味のシチュー）や、ホースラディッシュを添えて食べる茹で豚、甘い味付けの詰め物パスタ、オーストリアの田舎風の焼き菓子などもあり、地中海的な食の影は薄い。また、18世紀以降、急激に普及したのがジャガイモ。ニョッキや詰め物パスタのほか、フリコと呼ばれるモンタジオ・チーズとジャガイモのフライパン焼きは代表的な伝統料理として知られる。食材として有名なのは、サン・ダニエーレ産の生ハムである。パルマ産と並ぶイタリアの生ハムの代表的な銘柄だが、より旨味が強いという特徴がある。

ヴェネト州

Veneto

【面積】18,391.25㎢ 【人口】4,927,596人

【州都】ヴェネツィア　Venezia

東にヴェネツィアを玄関とするアドリア海、北にオーストリアと国境を接するドロミティ渓谷、南にはイタリア最長の大河ポー川流域の広大な平野を擁するヴェネト州は、その豊かな自然と歴史のおかげで、食文化もバラエティに富んでいる。ヴェネツィアが行ったオリエントとの交易は胡椒やナツメグ、クローブなどのスパイスをもたらした。内陸では米とトウモロコシの栽培が行われ、米料理は一年365日毎日違うものが出せるというほどのバリエーションを誇り、ポレンタはパンの代わりに、あるいは付け合わせとして頻繁に登場する。また、アドリア海から揚がる魚介や、北欧からの輸入品であるバッカラ（塩蔵鱈）もヴェネト州料理の重要な素材だ。

エミリア・ロマーニャ州

Emilia-Romagna

【面積】22,456.45㎢ 【人口】4,450,508人

【州都】ボローニャ　Bologna

アペニン山脈の北側に広がるイタリア最大の平野の大部分を占めるこの州は、食の"夢の楽園"と称される。パルマ産の生ハム、ズィベッロ産のクラテッロ、ボローニャのモルタデッラなど豚肉加工品、チーズの王様と呼ばれるパルミジャーノ・レッジャーノ、"高貴な"と形容されるバルサミコ酢など、世界にその名を知られた名産品が目白押しである。それだけでなく、手打ちパスタの文化も華やかで、タリアテッレやタリオリーニといった長麺、トルテッリやカッペッレッティなど詰め物パスタは、エミリア地方のお家芸である。また、ピアディーナ、ティジェッラなど、軽食として親しまれている粉ものはロマーニャ地方の名物。楽園の名に恥じない美食の州である。

トスカーナ州

Toscana

【面積】22,990.44㎢ 【人口】3,752,654人

【州都】フィレンツェ　Firenze

野菜、肉、豆といった食材をバランス良く使いこなすのがトスカーナ州の料理。最も有名なのは、キアナ牛の炭火焼きTボーンステーキ、ビステッカ・アッラ・フィオレンティーナである。茹でた白いんげん豆を添えるのが伝統で、青い草の香りとぴりっとした辛みが特徴のオリーブオイルをたっぷりかける。また、パスタよりもパンの存在感が強く、特に塩の入らないトスカーナパンは塩気の強いサラミや生ハムとの相性が良い。このパンを使ってトマトと一緒にサラダ仕立てにするパンツァネッラや、トマトと煮込むパッパ・アル・ポモドーロなどは代表的なプリモピアットである。そのほかの名産に、羊乳製のペコリーノ・トスカーノ、塩漬け豚脂のラルド・ディ・コロンナータがある。

ウンブリア州

Umbria

【面積】8,456.04㎢ 【人口】894,762人

【州都】ペルージャ　Perugia

トスカーナ、マルケ、ラツィオ、アブルッツォの4つの州に囲まれ、アペニン山脈以南では唯一海がない小さな州である。しかし、全体の7割が森とブドウ畑とオリーブ畑という緑豊かな土地だ。有名なのは、ノルチーノ（豚肉加工職人）という言葉の発祥の地ノルチャで、生ハムをはじめ、さまざまな種類のハム・サラミの産地である。また、名産として名高い黒トリュフは、擂りおろして、ストランゴッツィという粉と水だけで作る長麺パスタにたっぷりふりかけるのが伝統的な楽しみ方。そのほか、肉のグリルやジビエの煮込みといった風味豊かな料理が多い。また、レンズ豆も特産で、トスカーナ州産とよく似た青い草の香りのオリーブオイルとの相性が抜群である。

マルケ州

Marche

【面積】9,365.86㎢ 【人口】1,550,796人

【州都】アンコーナ　Ancona

アペニン山脈を挟んでトスカーナ州、ウンブリア州と接し、アドリア海に面したマルケ州は、中部イタリアらしい豊かな緑と温暖な気候の地。新鮮な魚介をふんだんに使うスープのブロデット、さまざまな内臓を煮込んだミートソースのラザーニャ・ヴィンチスグラッシ、汁気たっぷりのソースをからめる極細のカンポフィローネ産パスタなど伝統料理のほか、わらに包み地中深くの穴で熟成させるチーズ・フォルマッジョ・ディ・フォッサや、ほとんど生の状態でパンに塗り付けて食べるサラミ・チャウスコロなど独特の珍味で知られる。また、肉厚なオリーブの実の中に挽肉種を詰めてフライにしたオリーヴェ・アッラスコラーナはマルケ州を代表するストリートフードだ。

ラツィオ州

Lazio

【面積】17,207.68㎢ 【人口】5,892,425人

【州都】ローマ　Roma

"永遠の都"ローマが州都であるラツィオ州は北はウンブリア州の丘陵地帯、東はアブルッツォ州の峻険な山岳地帯、南はカンパーニア州に続くなだらかな平原と地勢が変化に富み、オリーブの栽培、豚と羊の飼育が盛ん。ローマの町の南にはかつてと畜場があり、そこで不要とされた臓物を使ったローマ風トリッパ、仔牛の腸の煮込みのパヤータ、オックステールの煮込みのコーダ・アッラ・ヴァッチナーラなどが下町伝統の味として受け継がれている。また、グアンチャーレ（塩漬け豚頬肉）とペコリーノ・ロマーノは、アマトリチャーナやカルボナーラといったローマを代表するパスタに欠かせない。味わい濃くエネルギッシュ、それがラツィオ州の食の特徴である。

アブルッツォ州

Abruzzo

【面積】10,795.12㎢ 【人口】1,331,574人

【州都】ラクイラ L'Aquila

アペニン山脈に連なる三つの山塊を抱き、イタリアで最大級の国立自然公園を有するアブルッツォ州。羊の放牧、ブドウとオリーブの栽培が重要な産業である。また、野菜や穀類の栽培も盛んで、レンティッキエ・ネーレ（黒いレンズ豆）、スペルト小麦、スルモナ産のニンニク、ラクイラ周辺のサフランなどが有名。さらに黒トリュフから白トリュフまで一年を通じて25種類ほどのトリュフが採れる。伝統料理の筆頭は、手打ちパスタのマッケローニ・アッラ・キタラ。ギター（キタラ）の弦のように細い針金を張った木枠の上にのばしたパスタ生地をのせて麺棒で押し切るロングパスタ。しっかりとした歯ごたえで仔羊のラグー（ミートソース）との相性が抜群に良い。

モリーゼ州

Molise

【面積】4,433.16㎢ 【人口】313,348人

【州都】カンポバッソ Campobasso

州としてアブルッツォ州から分離したのが1963年、最も遅く生まれた20番目の州であり、面積もヴァッレ・ダオスタ州に次いで2番目に小さく、アドリア海に面した海岸線はわずか40キロメートルしかない。また、土地のほとんどがアペニン山脈に覆われているため、南イタリアにありながら気候は北部山間部に近い。農業従事者の割合が高く、主要生産物はチーズ、サラミ、オリーブオイル。特にオリーブオイルは生産量は少ないが、品質が良いことで知られている。また、森林が深く冷涼な気候ゆえ、トリュフの採取も盛ん。料理の傾向はアブルッツォ州のそれにほとんど同じで、素朴だが味わい深く、手打ちパスタ、羊や野菜の煮込み料理が中心。

カンパーニア州

Campania

【面積】13,589.90㎢ 【人口】5,861,529人

【州都】ナポリ　Napoli

ピッツァ、スパゲッティ、サン・マルツァーノ・トマト、モッツァレッラ。イタリアをイメージすると真っ先に浮かんでくる料理や食材のほとんどがこの地を故郷とする。ヴェスヴィオ山の地熱は野菜や果物を実らせ、ティレニア海は魚介の宝庫。中世から近世にかけて南イタリア一帯を治めたナポリ王国は厳しい領主制度を敷いたが、庶民は降り注ぐ太陽の恵みを享受し、貧しくとも充実した食文化を育んだ。菓子のバリエーションも豊富で、シロップをしみ込ませたイースト菓子のババ、濃厚なリコッタクリームを詰めたスフォリアテッラ、さらに、今や代表的な土産物として知られるアマルフィのリモンチェッロなど、カンパーニア州の食はオリジナリティに満ちている。

プーリア州

Puglia

【面積】19,370.67㎢ 【人口】4,090,105人

【州都】バーリ　Bari

イタリア半島の"かかと"にあたるプーリア州は、北部パダナ平野に次いで2番目に大きな平原を擁する。その広大な土地では、ブドウ、オリーブ、トマト、アーティチョーク、豆、葉野菜などが栽培され、「イタリアの野菜工場」とも呼ばれる。トマトはソースや天日干しにして一年中食卓に登場し、そら豆やひよこ豆はピュレにして付け合わせとなり、アーティチョークは煮たり揚げたり、保存食にと活躍する。手打ちパスタでは、オレッキエッテと呼ばれる小さな円盤形のパスタが特に有名で、チーマ・ディ・ラーパ（かぶの葉とブロッコリーの中間のような葉野菜）とあわせる。また、オリーブオイルの生産量はイタリア一。オリーブの巨木が広がる畑はプーリア州の原風景だ。

バジリカータ州

Basilicata

【面積】9,994.61㎢ 　【人口】576,619人

【州都】 ポテンツァ　Potenza

バジリカータ州はその昔、ルカニアと呼ばれた。光を表す言葉に由来し、特にガストロノミーについて語る時は、"ルカニアの"と修飾して、昔ながらの滋味溢れる食のイメージを喚起する。平野は州全体の8％とごく僅かで、羊と豚を飼育し、チーズとサラミ作りが盛んである。また、マテーラという町特産の硬質小麦粉製のパンは、黄色いクラムと香ばしい香りで知られる。パスタは硬質小麦粉の手打ちが主で、ラーガネと呼ぶ幅広の長麺、鉄の棒に巻き付けてねじりを加えたフジッリなどしっかりとした歯ごたえのパスタが名物。野菜や豆、キノコのソースで和えるのが伝統だ。イオニア海岸地域では、グリルやフリットなどシンプルな魚介料理が味わえる。

カラブリア州

Calabria

【面積】15,080.55㎢ 　【人口】1,976,631人

【州都】 カタンザーロ　Catanzaro

カラブリア州の地形は険しい。全体の9割が山地と丘陵地帯であり、平地は海沿いのみ。しかし、食文化は豊かで、スペイン統治下でもたらされたナスやピーマン、甘みの強いトロペア産紫タマネギなどの野菜を使った料理、新鮮な魚介料理、豚や羊のグリルなど、南イタリアらしい食卓だが、そこになくてはならないのが唐辛子だ。かつては「貧乏人のラルド」などと呼ばれてそのままでパンのおかずにしたというが、今なお調味料、保存料として大いに活用されている。また、ンドゥイヤという唐辛子入りのペースト状サラミは、知らないイタリア人はいないというほどのカラブリア州名物。しかし、究極のカラブリア州の味は、唐辛子風味のジェラートである。

シチリア州

Sicilia

【面積】25,702.82km² 　【人口】5,092,080人

【州都】パレルモ　Palermo

地中海最大の島であり、古代よりアフリカ、ギリシャからの移民が多く、ローマ帝国時代以降もアラブ、ノルマン、スペインとさまざまな国が支配してきた。それだけに食文化も実に多彩で、野菜料理、肉料理、魚介料理、パスタ、パン、菓子に至るすべてが独自の発展を遂げている。重要な産物は、オリーブやブドウはもちろんのこと、エトナ山麓の野菜や柑橘、ネブロディ山麓で飼育される黒豚、トラーパニの塩、ノートのアーモンド、ブロンテのピスタチオなど。南端のパキーノはさまざまな品種のトマトを栽培する一大産地である。また、ライスコロッケのアランチーノ、菓子では、リコッタを使うカンノーリやカッサータなど、アラブ由来を思わせる伝統の味も少なくない。

サルデーニャ州

Sardegna

【面積】24,089.45km²　【人口】1,663,286人

【州都】カリアリ　Cagliari

イタリア本土からもアフリカ大陸からもほぼ同距離の地中海に浮かび、シチリア州に次ぐイタリア第二の面積を誇る島。一年を通じてミストラルと呼ばれる強い西風が吹くので、夏は過ごしやすいが冬はかなり厳しい。この環境に最も適しているのが羊の飼育だ。イタリア最大の牧羊大国で、その飼育数は全体の44%を占める。名産品はペコリーノ・チーズ。そして、仔羊も食べるが、ハレの日のご馳走は仔豚の丸焼き、ポルチェッドゥ。人気の珍味はオリスターノ産のボラのからすみ、サンタンティオコ島のマグロ。紙のように薄いパン、パーネ・カラサウや、アーモンド・パウダーをたっぷり使ったビスコッティ、粒状のパスタのフレーグラなどは土産品としても人気がある。

第1部

イタリア料理一皿解説
前菜 Antipasto

アンティパストはレストランでのコース・メニューでパスタの前に食べる前菜と位置づけられており、古代ローマ時代にはすでに存在した。「アンティ」は「前」を表す接頭辞で「パスト」は「食事」を意味し、最近日本のレストランでは省略して単に「アンティ」と呼ばれることも多い。パスタと並んで地域性、季節感に富み、魚介から、野菜、肉、豆、冷たいものから温かいものまでさまざま。最も代表的なのがアッフェッターティと呼ばれる、生ハムとサラミ類の盛り合わせで、これは地方ごとに種類が異なる。

アッフェッターティ・ミスティ
プロシュート・エ・メローネ

Affettati misti / Prosciutto e melone

ハム、サラミの盛り合わせ　生ハムとメロン

◆全国

アッフェッターティとは生ハム、サラミ類のスライスのことで数種類盛り合わせて前菜にすることが多い。イタリア全国どこでも食べられる代表的な前菜だが、サラミ類は地域性が濃いため、その土地でしか食べられないサラミも多く、地方色豊かなイタリア料理の特徴を反映した料理ともいえる。また、イタリアの夏を代表する前菜に生ハムとメロンの組み合わせがある。果物と生ハムという一見意外、しかし実に相性の良い組み合わせの歴史は古く、古代ローマ時代の2世紀にガレーノという医師が提唱したとされている。ガレーノによれば全ての生物は温冷乾湿（火、水、空気、土）の4要素からできており、生ハムとメロンはお互いが4要素を補完しあう理想的な食べ方なのである。

アンティパスト・ミスト

Antipasto misto　　　　　　　前菜の盛り合わせ

◆全国

アッフェッターティを含む、さまざまな一口サイズの前菜の盛り合わせで、サラミ類同様非常に地域性に富む。テーブルに着くや否やおまかせで登場するアンティパスト・ミストはイタリア料理の華である。海岸地域ならタコやイカなどを使ったインサラータ・ディ・マーレやムール貝、北イタリアならばポレンタやバッカラ、中部イタリアならばブルスケッタやクロスティーニなど。ローマ以南の南イタリアではブッフェ形式で多くのイタリア野菜が登場する。ナス、ズッキーニ、ペペローニ、オリーブ、アーティチョーク、あるいはキノコやトマトのオイル漬けといった保存食も豊富。季節感にも富み、セルフサービスで好きな料理を取るスタイルは実にイタリアらしく、食の楽しさを満喫できる。

ブルスケッタ・エ・クロスティーニ

Bruschetta e crostini　　ブルスケッタとクロスティーニ

◆全国

ブルスケッタは薄切りパンの上にトマトなどの野菜やキノコなどをのせたもの。トスカーナ州、ウンブリア州など中部イタリアの代表的な前菜で、その名は炭火で炙る「ブルスカーレ」から来ている。最もシンプルなブルスケッタは、炭火で炙った薄切りパンにニンニクをこすりつけてオリーブオイルをかけ、塩、胡椒で調味したもの。パーネ・トスカーノなど塩無しパンを使うことが多く、別名フェットゥンタ「油に浸けたひと切れ」とも呼ばれる。一方クロスティーニは鶏のレバー・ペーストなど各種ペースト類をのせたもの。ブルスケッタが本来トマトやオイルなどシンプルに食べるのに対し、クロスティーニは肉や魚、野菜など、豊富な種類のトッピングが見られる。

フリッタータ

Frittata　　　　　　　　　　　　　　　　　　　　イタリア風オムレツ

◆全国

フランスのオムレツと混同されることが多いが、オムレツは卵液をフライパンで片面焼きして二つ折りにするのに対し、フリッタータは両面焼きしたもの。前菜にもコントルノにもセコンドにもなる。タマネギやアスパラガス、ズッキーニなどを使うことが多く、タマネギのフリッタータはバルサミコ酢をかけると美味しい。ナポリではパスタをフリッタータの具にすることもある。

ブーロ・エ・アッチューゲ

Burro e acciughe　　　　　　　　　　　　　　　　バターとアンチョビ

◆全国

アンチョビとバターの組み合わせは、そのままでも、またクロスティーニの具としても実にポピュラー。イタリアの場合バターはほとんどが無塩なので、アンチョビの塩気に甘みを補う定番の組み合わせ。パーネ・トスカーノなど塩無しパンと相性が良い。

カプレーゼ

Caprese　　　　　　　　　　　　　　モッツァレッラとトマトのサラダ仕立て

◆全国

トマト、モッツァレッラ、バジリコというイタリア国旗と同じ三色の食材を使った前菜。「カプリ風」という意味だが発祥の地はナポリで、カプリ島ではない。本来はフィアスコーネ種というトマトとフィオル・ディ・ラッテ（牛乳のフレッシュチーズ）を使う。

フルッティ・ディ・マーレ
Frutti di mare　　　　　　　　　貝類の盛り合わせ

◆海岸地域

日本同様イタリアでも海岸地域、特に南イタリアでは貝類を生でよく食べる。特にバーリを中心としたプーリア州では貝類の生食が非常に盛んで、季節になると貝やウニを食べさせる屋台が海岸沿いに並ぶ。代表的なのはウニ「リッチ・ディ・マーレ」、ハマグリに似た「タルトゥーフォ・ディ・マーレ」、ヨーロッパアサリ「ファゾラーリ」、牡蛎「オストリケ」など。小型のコウイカ「セッピオリーノ」もプーリア州ではよく生で食べる。ムール貝「コッツェ」も生で食べるがムール貝には白と赤があり、毛むくじゃらなムール貝「コッツェ・ペローゼ」も珍重される。調味は好みでレモンだけ、が一般的だが海水をかけて食べることも多く、これはイタリアの海そのものを味わう食べ方。ちなみに「フルッティ・ディ・マーレ」とは「海の果実」という意味で、言い得て妙。

インサラータ・ディ・マーレ

Insalata di mare　　　　　　　　　　　魚介のサラダ

◆全国

魚介類の冷製サラダだが、必ず入るのはタコ、イカ、ムール貝などの貝類。バリエーションとしてエビやシャコなど。基本的に茹でたり蒸した魚介類をオリーブオイルとレモンやイタリアンパセリなどで調味し、インサラータ（サラダ）とはいえ通常、野菜はほとんど使わない。イタリアの夏の海辺でよく冷えた白ワインのお供といえばこの料理以外に考えられない。

アリーチ・マリナーテ

Alici marinate　　　　　　　　　　　ヒシコイワシのマリネ

◆全国

新鮮なヒシコイワシをマリネした、イタリアを代表する魚介の前菜。全国の海岸地域で食べられるがカンパーニア州、おもにサレルノ周辺の名物。ヒシコイワシを開いて塩とレモンか酢で締め、ニンニク、イタリアンパセリ、唐辛子などで調味する。締め具合と塩梅は家庭やレストランによって異

なり、特に浅漬けのアリーチは日本の寿司ネタを思い出させる。ヒシコイワシ自体は通常「アリーチ」と呼ばれるが、塩漬けにするとアンチョビを指す「アッチューゲ」と呼ばれる。

ピンツィモーニオ

Pinzimonio　　　　　　　　　　　　ピンツィモーニオ

◆全国

「生野菜のサラダ・ディップ」などと訳されることが多いが、本来は料理名ではなくオリーブオイル、塩、胡椒、(酢を入れることも)で作ったソースのことを指す。ニンジン、セロリ、フェンネル、アーティチョークなどを直接このソースにつけて食べる。地域差があり、シチリア風ピンツィモーニオはトマトの水煮、ニンニク、ミント、塩、胡椒、オリーブオイルで作る濃厚なソース。また、地方によっては「カッツィンペリオ」「ザリンペリオ」「カチンペリオ」と呼ばれることもある。「カッツィンペリオ」の語源はカッツァ(杓子)で、1942年に詩人トリルッサがカッツィンペリオを詩にしている。また映画監督兼俳優ロベルト・ベニーニは自作の芝居「トゥットベニーニ95/96」の中で「ピンツィモーニオ党」設立を目指す政治家を演じた。

インサラータ・ディ・カルチョーフィ

Insalata di carciofi　　　　　アーティチョークのサラダ

◆全国

アーティチョークのサラダ。全国的に食べられるが、アーティチョークは鉄分が多く、酸化しやすいため切った後はレモンや酢を加えた水にさらしておく。可食部分は萼をむいた中心部分のみ。茎も基本的には食べないので非常に歩留まりの低い食材である。生のアーティチョークは上質のオリーブオイル、レモン、パルミジャーノとともに食べると野草のような味が際立つ。

インサラータ・ディ・ネルヴェッティ

Insalata di nervetti　　　　　牛すじのサラダ

◆全国

仔牛のアキレス腱を茹で、野菜と一緒にサラダ仕立てにした前菜。ローマやシチリア州でも食べられるがミラノ近郊ロンバルディア州が有名で、古いオステリアはワインのつまみにこの料理を出していた。酢を利かせてあり常温で保存し一日で食べきるのが理想。食材を無駄にしない「アンティスプレーコ」の象徴的料理であり、クチーナ・ポーヴェラ（質素な料理）を代表する料理。

バッカラ・マンテカート

Baccalà mantecato　　　　　　　　　　干鱈のペースト

◆ヴェネト州

ヴェネト州を中心によく食べられる干鱈のペースト。塩蔵鱈バッカラと干鱈ストッカフィッソは混同されることが多く、この料理にも実際はストッカフィッソを使う。ヴェネツィアの居酒屋バーカロの定番つまみで、水で戻したストッカフィッソを牛乳とオリーブオイルで煮てペースト状にし、クロスティーニやポレンタとともに食べる。ヴィチェンツァ風はタマネギが入る。

サルデ・イン・サオール

Sarde in saor　　　　　　　　　　イワシの甘酢漬け

◆ヴェネト州

サオール（もしくはサヴォール）とはヴェネツィアの調理法でタマネギを酢とオリーブオイルで加熱し、揚げたイワシにかけてマリネすること。レーズンや松の実を加えることも多い。もともとはヴェネツィアの漁師の保存食で、安いイワシを長期間食べるために考えだされた。また、新鮮ではないイワシを使うことも多かったので、味がよくしみ込んだ翌日以降に食べていた。

スカモルツァ・パデッラータ

Scamorza padellata　　スカモルツァのフライパン焼き

◆南部

南イタリアではチーズを加熱して食べることが多いが、カンパーニア州を中心に作られる牛乳のチーズ、スカモルツァは特に加熱して食べると美味しい。時間のないときはフライパンで焼いたスカモルツァに胡椒をかけて前菜やセコンドとして。あるいは薄切りパンにのせてトースト、ブルスケッタとして食べることも多く、好相性のアンチョビをのせても良い。

トルティーノ・ディ・カルチョーフィ

Tortino di carciofi　　アーティチョークのオムレツ

◆中部

アーティチョークと卵は相性が良いことで知られ、数多くのレシピがある。生地にアーティチョークと卵液を流し込んで焼くトルタもあれば、フライパンでアーティチョークを炒めた後に卵を流し込んで焼くフリッタータ風のトルタもある。特に後者はレアに仕上げるため、多くのトラットリアが独自の調理法でその技を競っている。トルティーノとは小さなトルタ、の意味。

アランチーニ

Arancini　　　　　　　　　　　　　ライスコロッケ

◆ シチリア州

リゾット状の米にラグー、あるいはプロシュート・コットとモッツァレッラなどを混ぜて揚げた、アラブ起源のシチリア料理。レストランではなくバールやパン屋、菓子屋などで食べる。語源はオレンジを意味する「アランチャ」で、シチリア東部では円錐形でアランチーノ（複数形はアランチーニ）と呼ばれ、西部では球形のことが多く、アランチーナ（アランチーネ）と呼ばれる。

パネッレ

Panelle　　　　　　　　　　　　ひよこ豆ペーストの素揚げ

◆ シチリア州

ひよこ豆の粉を水で溶き、ペーストや生地状にしてから揚げたもの。パレルモの典型的な前菜兼スナック兼ストリートフード。イタリア沿岸の港町では似たような料理が見られ、ジェノヴァではパニッサ、19世紀にはイタリア領だった南仏のニースではソッカと呼ばれる。アラブからシチリアに伝わった料理であり、パレルモではパンに挟んで食べることもある。

ゼッポリーネ

Zeppoline
海藻入りフライ

◆カンパーニア州

ピッツァ生地に海藻を加え、一口大に丸めて揚げるナポリの郷土料理。ナポリではレストランではもちろんフリッジトリアと呼ばれる揚げ物専門店やピッツェリアなどで買うことができるストリートフード。一般的には海藻のフライ「フリッテッレ・ディ・アルゲ」と呼ばれる。よく混同されるが、ちなみにゼッポレというのは、3月19日の「サン・ジュゼッペの日」に食べるナポリの菓子。

ニョッコ・フリット

Gnocco fritto
パン(ピッツァ)生地のフライ

◆エミリア・ロマーニャ州

ラードを加えた生地を揚げたエミリア地方の前菜。揚げるとぱんぱんにふくれるのが特徴で、プロシュートやクラテッロ、サラミなどとともに熱々のうちに食べる。ボローニャではクレシェンティーナ、パルマではトルタ・フリッタ、モデナやレッジョ・エミリアではニョッコ・フリットと呼ばれる。伝統的にはコテキーノ(豚加工食品の一種)などの茹で汁を生地に加えることもある。

オリーヴェ・アッラスコラーナ

Olive all'ascolana アスコリ風オリーブのフライ

◆ マルケ州、全国

マルケ州、アスコリ・ピチェーノを代表するストリートフード。アスコラーナ・テネラ種という肉厚の緑オリーブの塩漬けに挽肉などを詰めてから揚げたもの。アスコリのオリーブは古代ローマ時代からその美味で知られていたが、このレシピは1800年頃に生まれた。ロッシーニやプッチーニの好物で、ガリバルディ将軍も終の住処カプレラ島で栽培を試みたがうまくいかなかった。

ペペロンチーニ・フリッティ

Peperoncini fritti 唐辛子の素揚げ

◆ カラブリア州

カラブリア州は唐辛子をよく使うことで知られ、17世紀にはすでに栽培されていた。甘口の唐辛子を素揚げし、塩をふっただけのペペロンチーニ・フリッティはそのままでも付け合わせとしてもよく食卓に登場する。揚げ油はそのまま調味料としても使う。

ペペロンチーニ・リピエーニ

Peperoncini ripieni 唐辛子の詰め物

◆ 南部

ツナやケイパー、アンチョビなどを甘口の丸唐辛子に詰めた前菜兼保存食。南イタリアでは夏に大量にとれる甘口の丸唐辛子の詰め物（リピエーノ）をオイル漬けにして保存する。ほんのり辛い唐辛子とビネガーを利かせたリピエーノは、夏に最適。

イタリア料理一皿解説
プリモピアット Primo Piatto

現代イタリアにおいてパスタの形状は約 400 種類あるといわれている。長い年月をかけて各地方ごとにいわゆる定番パスタ料理が誕生してきたが、パスタの形状とソース、素材を組み合わせればパスタ料理の数はそれこそ無限に存在するといえるだろう。パスタはイタリア料理の花形であり、文化、歴史、民族、風土、あらゆる面でビオダイヴァーシティ＝生物多様性がイタリアという国を表現するキーワードであるならば、パスタの多様性こそがイタリア料理たるゆえんである。

アマトリチャーナ

Amatriciana

アマトリチャーナ

◆ラツィオ州、全国

カルボナーラと並んでローマを代表するパスタであり、おそらくは世界中で最も食べられているパスタ。塩漬け豚頬肉グアンチャーレ、トマト、ペコリーノ・ロマーノ、唐辛子で作るのが正統でタマネギやニンニクは入れない。アブルッツォ州との州境にあるアマトリーチェが発祥の地で、羊飼いが食べていた料理に源を発する。アマトリーチェ市の入り口には「スパゲッティ・アマトリチャーナの町アマトリーチェ」と書いてあり、正式にはブカティーニやリガトーニではなくスパゲッティを使用する。古くは「マトリチャーナ」と呼ばれていたがこれはアマトリーチェの住民が「マトリチャーニ」と呼ばれていたから。この郷土料理を史上初めてメニューに載せたのはローマにある老舗レストラン「イル・パッセット」で1860年のことだった。

カルボナーラ
Carbonara カルボナーラ

◆ラツィオ州、全国

卵、グアンチャーレ、ペコリーノ・ロマーノ、黒胡椒で作る世界的に人気のパスタ。生クリームは絶対に入れない。ローマではスパゲッティよりもブカティーニやリガトーニといった噛みごたえあるパスタで登場することが多い。そのいわれには諸説あるが、炭焼き職人(イタリア語でカルボナイオ、ローマ弁ではカルボナーロ)が食べていた、という説は現在ほぼ否定されている。1930年代のローマ料理のレシピ集にはまだカルボナーラは登場していないことから、おそらくは第二次大戦後ローマに進駐したアメリカ人が持ち込んだベーコンが、彼らの好きな卵やパスタと結びついて誕生したという説が最有力である。そしてベーコンはグアンチャーレに、パルメザンチーズはペコリーノ・ロマーノに、とそれぞれローマらしい食材に変わっていった。

アラビアータ

Arrabbiata　　　　　　　　　　　　　　　　　辛いトマトソース

◆カンパーニア州、全国

トマト、ニンニク、唐辛子で作る辛いトマトソース。アラビアータとは「怒った」という意味で、日本語では別名「怒りんぼのパスタ」とも。バリエーションとしてイタリアンパセリを使ったり、チーズを使ったりすることもあるがニンニクよりも唐辛子を前面に出すのが特徴。ペンネを使用することが多い。

プッタネスカ

Puttanesca　　　　　　　　　　　　　　　　　娼婦風

◆全国

トマト、ケイパー、オリーブ、アンチョビ、ニンニクを使い、これ以上地中海らしいパスタは無いともいわれる。「娼婦風」という名前のいわれは南イタリアの娼婦がまず客に食べさせたからともいわれる。イタリアのレストランで見かけることはそれほど多くないが、ニューヨークのイタリア料理店では今も大人気のパスタ。

アル・ポモドーロ

Al Pomodoro　　　　　　　　　　　　　　　　　　　トマトソース

◆全国

トマトベースのシンプルな基本形のパスタ。ディテールは各家庭や地方によって異なり、タマネギをソフリットし（炒め）て甘さをいかすレシピや、逆にタマネギを炒めるが風味付けだけにして最後に取り出すレシピ、あるいは全く使わないレシピもある。

カチョ・エ・ペペ

Cacio e pepe　　　　　　　　　　　　　　　　　　　チーズと黒胡椒

◆全国

「カチョ」とは南イタリアでよく使われるチーズを意味するイタリア語。「カチョ・エ・ペペ」とはチーズと黒胡椒たっぷりのパスタで、ローマで日常的に食べられている。この場合パルミジャーノでなくペコリーノ・ロマーノを使うのが正統。よくかきまぜてから食べる。

アル・ブーロ

Al burro　　　　　　　　　　　　　　　　　　　　　バター味

◆全国

バターのみを使用したパスタ。バリエーションとしてパルミジャーノや黒胡椒をかけたものもあるが基本はバターのみ。日本でいうバターかけご飯の感覚だがフィレンツェの「ソスタンツァ」など古いトラットリアでは今もオン・メニューしている。

アーリオ・オーリオ・エ・ペペロンチーノ

Aglio olio e peperoncino　　　　　　　　　　　　　ニンニク、オイル、唐辛子

◆全国

ニンニクと唐辛子をオリーブオイルで炒めて香り付けする、他の多くのパスタのベースとなる基本の調理法。冷蔵庫になにも無い絶望的な状況でも作れることから別名「絶望のパスタ」。あまりにシンプルすぎるのでレストランのメニューには無いことが多い。

ニョッキ
Gnocchi

ニョッキ

◆全国

一般的にはジャガイモと小麦粉を練った形状がよく知られているが、トマト同様新大陸発見後、ヨーロッパに伝わったジャガイモが一般的に食用となったのは 19 世紀以降のこと。しかしジャガイモを使わずに小麦粉と水だけで練ったニョッキは遥か昔から存在しており、現存する最古のパスタの一つである。製粉することを覚えた人類が最初に調理したのはおそらくパンではなく、より簡単なニョッキだったといわれている。しかもそれは現在のように茹でてから他のソースと和えるのではなく、スープの中で煮込んだ煮込みニョッキ。中世になると有名な詩人ボッカチオの『デカメロン』（1350 年頃）に、パルマ産の粉チーズだけでできた山があり、そこではマッケローニやラヴィオリを作って山の下へと転がしている、という記述が見られるがこの場合のマッケローニは現代でいうマカロニではなく、球状だと思われることからニョッキだったはずだ、と研究者たちは考えている。

ラザーニャ

Lasagna　　　　　　　　　　　　　　　　　　ラザーニャ

◆エミリア・ロマーニャ州、全国

小麦と卵で練った生地を薄くのばし、層状に重ねてオーブンで焼いたパスタ。その原型はローマ時代の料理書『アピシウス』(3〜4世紀)にも登場する「ラガノン(=古代ギリシャ語、ラテン語ではラガヌム)」である。「アピシウスのトルタ」という料理には肉や卵にラガノンを重ねて焼いていた。南イタリアにはいまだにラーガネという卵を使わないラガノンに似たパスタが現存する。

パスタ・アル・フォルノ

Pasta al forno　　　　　　　　　　　　　　パスタのオーブン焼き

◆全国

パスタとラグーや卵、野菜などをベシャメル・ソースやチーズとともにオーブン焼きにした料理。その原型はラザーニャの項でも触れた「アピシウスのトルタ」にあると思われるが、パスタを乾式加熱(焼く)か湿式加熱(茹でる)かで分類した際、乾式加熱で最古の部類に入るパスタである。現代ではマッケローニやリガトーニ、ペンネなど茹でたショートパスタを使うことが多い。

ミネストラ

Minestra

野菜のスープ

◆全国

イタリア料理のコースでは、パスタの他に米料理、スープ類もプリモピアットに分類される。スープ、というと日本では具が少ない、あるいは全くないイメージだが、イタリアでは野菜を中心に、時にはパスタなども一緒に煮込んだ具沢山な料理が多い。最も代表的なのがミネストラでこれはラテン語の「ミネストラーレ」（給仕する）に由来する。一般的にミネストローネはパスタが入らないスープ、ミネストラはパスタが入ることもあり、ミネストリーナはパスティーナなど小さなパスタのみが入るスープ、とされているがミネストラとミネストローネは混同されていることが多い。元々はクチーナ・ポーヴェラ（質素な料理）に分類される、ごった煮のような料理だったが現代では料理技術の進歩とともに洗練された料理となった。

ズッパ・ディ・ヴェルドゥーラ

Zuppa di verdure　　　　　　　　　　　　　野菜のスープ

◆全国

一般的に多く使われるのはビエトラやカーヴォロ・ネロなど、煮込んで味が出るイタリア特有の葉野菜。地方によっては野草などが使われることもある。イタリア語でスープを意味する「ズッパ」の語源はパンを汁に浸す「インズッパーレ」から来ているので、野菜のスープにはトーストしたパンを添えることが多い。また、トスカーナ地方にはパンを使った粥状のスープもある。

ズッパ・ディ・ファジョーリ

Zuppa di fagioli　　　　　　　　　　　　いんげん豆のスープ

◆全国

ズッパ・ディ・ヴェルドゥーラと同じく豆のスープもイタリア全土でよく食べられている。特に多いのはファジョーリ（いんげん豆）で、他にもレンティッキエ（レンズ豆）やチェーチ（ひよこ豆）を使うことも多い。豆のスープの場合は豆を茹でたあと半量を裏ごし、半量をそのまま使い、とろみをつけるのが一般的。

スパゲッティ・アル・ネロ・ディ・セッピア

Spaghetti al nero di seppia　　イカスミのスパゲッティ

◆海岸地域

コウイカのスミを使った黒々としたソースは、世界にも類がない強烈なインパクトを持つイタリア料理の代表。元々はクチーナ・ポーヴェラ（質素な料理）と呼ばれるイタリア家庭料理の基本的考えを踏襲し、漁師が内臓からスミにいたるまでコウイカを全て利用していたことにさかのぼる。特にメッシーナからカターニアにかけてのシチリア東海岸とヴェネツィアを中心としたヴェネツィア湾が本場で、ヴェネツィアの魚市場を歩けばスミにまみれ黒々としたコウイカが大量に売られている光景を目にする。トマトソースやニンニク、タマネギ、イタリアンパセリ、唐辛子などを用いて味に深みを与える。ちなみにセピア色とはコウイカ（セッピア）に由来する。

ペスカトーラ／アッロ・スコッリオ

Pescatora / Allo scoglio　　　　　　　　　　漁師風

◆ 海岸地域

特に地域性はないが、イタリアが誇る海の幸を全て凝縮させた、人気の高いパスタ。エビ、アサリ、ムール貝を中心に時にはシャコ、マテ貝などをニンニクとトマトで味付け（トマトを使わない場合もある）、スパゲッティやリングイネで食べることが多い。リゾットにも応用がきく。「船乗り風」（＝マリナーラ）となるとナポリ風で、トマト、バジリコ、オレガノ、ニンニクと魚介類はなぜか入らない。

スパゲッティ・アッレ・ヴォンゴレ

Spaghetti alle vongole　　　　　　　アサリのスパゲッティ

◆ 海岸地域

アサリの旨味をパスタに吸わせるように作る人気の定番料理。イタリア全国の海岸地域で食べられるが秀逸なのはナポリ。やや太めのスパゲッティ（あるいはスパゲットーネ）を最初からアサリの汁の中で煮込むように作ると、表面の小麦粉が溶け出して乳化を促す。イタリアではアサリは特にアドリア海側に多く、ヴォンゴレ・ヴェラーチと呼ばれる水管が長い種類が最上とされる。

トルテッリーニ・イン・ブロード

Tortellini in brodo　　　　　　　　トルテッリーニのスープ

◆エミリア・ロマーニャ州

エミリア・ロマーニャ州、特にボローニャを代表する詰め物パスタ。モルタデッラ、プロシュート、パルミジャーノなどで作った詰め物を、小麦粉と卵で作った生地で包む。スープは去勢雄鶏（カッポーネ）で作り、クリスマスや正月など祝祭の日に家族全員で食べるハレの日のパスタ。正式なレシピは1974年イタリア料理アカデミーによってボローニャ商工会議所に登録されている。トルテッリーニのバリエーションとしてはラグーやクリーム系のソースで食べることも多い。

パッサテッリ・イン・ブロード

Passatelli in brodo　　　　　　　　パッサテッリのスープ

◆エミリア・ロマーニャ州

パルミジャーノ、パン粉、卵、ナツメグで作った生地を専用の道具で押し出して作るパスタ。小麦粉や牛の骨髄を入れることもある。2～3センチほどの長さに押し出し、沸騰したブロードに入れて直接茹でる。厳密にはパスタのカテゴリーには入らないともいわれている。

パスタ・エ・ファジョーリ

Pasta e fagioli　　　　　　　　　　　パスタと豆のスープ

◆全国

いんげん豆とパスタを煮込んだ、古代ローマ時代から存在する非常に古い料理。地方ごとにバリエーションが微妙に異なるが、特にヴェネト州とトスカーナ州が有名。ローズマリーやセージとともに豆を茹でた後、茹でたタリアテッレやスープ用パスタと和える。豆の半量を茹で汁ごとミキサーにかけてから再び混ぜ、とろみをつけるのがポイント。

フィリンデウ

Filindeu　　　　　　　　　　　　　　フィリンデウ

◆サルデーニャ州

サルデーニャ州内陸部バルバージア地方に伝わる幻のパスタ。細くのばしたパスタをガーゼ状に板に張って乾かした後、羊のスープ、ペコリーノ・アチドという羊のチーズとともに食べる。本来は1月のサン・フランチェスコの日に食べる祝いの料理。

ファーヴェ・エ・チコーリア

Fave e cicoria　　　　　　　　　　乾燥そら豆のうらごしスープ

◆プーリア州

乾燥そら豆をもどして茹でオリーブオイルとともにピューレ状にし、炒めたチコリと一緒に食べる。前菜で食べることもあるが分類上はミネストラ同様ズッパ（スープ）で、プリモピアット。野菜や豆類を多く食べるプーリア州の郷土料理で上質なオイルにあう。

アニョロッティ

Agnolotti

アニョロッティ

◆ピエモンテ州

ピエモンテを代表する詰め物パスタで別名「アニョロッティ・プリン」。ピッツィコット（詰める）がその語源。仔牛などさまざまな肉のローストや香味野菜で詰め物を作り、卵と小麦粉で作ったパスタ生地で包む。ラグーにあわせるのが通常だが古くはエミリア・ロマーニャ州のトルテッリーニ・イン・ブロードのようにブロードで食べていたこともある。アニョロッティ、トルテッリーニ、ラヴィオリはイタリア全土において代名詞的存在であり混同されていることも多い。いつ頃から作られるようになったのかは定かでないが、1766年の文献『Il Cuoco Piemontese Perfezionato』にはすでにその名が見られる。19世紀のピエモンテを代表する美食家である、統一イタリア初代宰相カヴールの好物だったことで知られ、カヴールは当時の国会議事堂前にあったレストラン「デル・カンビオ」に足しげく通っていた。

トルテッローニ

Tortelloni　　　　　　　　　　　　　　　　　トルテッローニ

◆北部・中部

イタリア語では語尾変化で「イーノ」（女性形は「イーナ」）は小さなものを表し、「オーネ」（女性形は「オーナ」）は大きなものを表す。直径1～2センチほどのトルテッリーニと違い、トルテッローネは直径5センチほどの詰め物パスタ。リコッタや各種ロースト肉などを詰めるのが一般的だが、マントヴァ周辺ではカボチャを詰め物にしたトルテッローネ（あるいはトルテッリとも）が有名。

トルテッリーニ・イン・パンナ

Tortellini in panna　　　　　　　　　　　　　　生クリームのトルテッリーニ

◆北部・中部

通常はブロードで食べるトルテッリーニを生クリーム（パンナ）で和えて加熱、パルミジャーノをかけた濃厚な料理。近年のイタリア料理は脂肪分の高い生クリームを避ける傾向にあり、パルミジャーノの上澄みなど低カロリーのクリームで代用することも多い。

トルテッリーニ・アル・タルトゥーフォ

Tortellini al tartufo　　　　　　　　　　　　　　トリュフのトルテッリーニ

◆北部・中部

トルテッリーニをバターや生クリームで和え、白トリュフをトッピングした高級料理。トリュフは卵や乳製品と相性が良いので秋の北中部イタリアでは定番。特にアルバを中心としたピエモンテではどのレストランも看板メニューとしている。

タヤリン

Tajarin　　　　　　　　　　　　　　　タヤリン

◆ピエモンテ州

タリオリーニのピエモンテ方言。北イタリアでは語尾の母音が無くなる傾向が強い。小麦粉と卵で作った生地を薄くのばし2～3ミリ幅に切ったパスタで15世紀から存在する祝いの料理。ラグーで食べるのが一般的だが、秋には白トリュフをトッピングして食べることも多い。統一イタリア初代国王ヴィットリオ・エマヌエーレ2世が好んで食べた。

キタリーネ・アイ・ピゼッリ

Chitarrine ai piselli　　　　　グリーンピースのキタリーネ

◆中部

小麦粉と卵で作った生地を「キターラ（ギター）」と呼ばれる専用の道具で切って作る手打ちパスタ。細いキターラを意味するキタリーネ、あるいはマッケローニ・アッラ・キターラとも呼ばれる。春先に出回る生グリーンピースは中部イタリア、特に「豆食い」と呼ばれるトスカーナ州でよく食べられる。ブロードやチーズで味を作り、生グリーンピースの甘さを引き立てる。

タリオリーニ・アイ・ポルチーニ

Tagliolini ai porcini　　　　　　　　　　　ポルチーニ茸のタリオリーニ

◆全国

小麦粉と卵で作るタリオリーニはタリエリーニ、フェットゥチーネ、タヤリン、マッケローニなど地方ごとにさまざまな名前で呼ばれる手打ちパスタの代表的存在。イタリアのキノコの王様ポルチーニと和えて食べるとその歯ごたえが存分に味わえる。

タリアテッレ・アル・ラグー

Tagliatelle al ragù　　　　　　　　　　　ミートソースのタリアテッレ

◆エミリア・ロマーニャ州、全国

タリオリーニ同様、タリアテッレも小麦粉と卵で作り、細いひも状に切ったパスタ。ボローニャを代表する料理で、1972年にイタリア料理アカデミーが幅8ミリと定めた。牛挽肉や香味野菜で作るラグーは別名ボロニェーゼ（日本ではボロネーゼとも）と呼ばれる。

パッパルデッレ・アル・チンギアーレ

Pappardelle al cinghiale　　　　　　　　　イノシシのパッパルデッレ

◆トスカーナ州

幅2〜4センチほどの手打ちパスタ、パッパルデッレはかつては小麦粉と水で作っていたが現代では卵を使うのが一般的。かねてから狩猟肉（カッチャジョーネ）と相性が良いとされておりイノシシが多いトスカーナ地方丘陵部でよく食べられる。

マッケローニ・アッラ・キターラ・アル・ラグー

Maccheroni alla chitarra al ragù　　　　　　ラグーソースのキターラ

◆アブルッツォ州

ギターのように細い弦を何本も張った道具「キターラ」を使うマッケローニ・アッラ・キターラ（キタリーネ）はアブルッツォ州の代表的パスタ。小麦粉と卵で作った生地を押し切るように作るハレの料理で、挽肉を使ったラグーと相性が良い。

ピーチ・アッラリオーネ
Pici all'aglione
アリオーネ・ソースのピーチ

◆ トスカーナ州

ピーチはトスカーナ州シエナを代表する手のべパスタで、卵は使わず小麦粉と水のみで作る。長さ10センチほどに切った生地を手でのばして太めのスパゲッティ状にすることから、食感も見た目も日本の手のべうどんに近い。アリオーネは固くなったトスカーナ・パンを粉にし、ニンニクと一緒に炒めたクチーナ・ポーヴェラ（質素な料理）。

ビーゴリ・イン・サルサ
Bigoli in salsa
タマネギとアンチョビソースのビーゴリ

◆ ヴェネト州

ざらっとした食感のビーゴリは全粒粉、卵、水で練った生地をビゴラーロ（またはトルキオ）と呼ばれる専用の道具で押し出して作るヴェネト州のパスタ。タマネギとアンチョビを炒めたソースで食べるが、これは本来クリスマス・イブや灰の水曜日、聖金曜日などカトリックで小斎日と呼ばれる肉断ちの日の料理だった。現代では宗教的理由よりもその美味ゆえに人気が高い。

ウンブリチェッリ・アル・タルトゥーフォ

Umbricelli al tartufo   トリュフのウンブリチェッリ

◆ ウンブリア州

トスカーナ州ではピーチ、ウンブリア州ではウンブリチェッリ（またはウンブリチ、一部ではピッキアレッリ）と呼ばれる手打ちパスタ。ウンブリア州のノルチャは黒トリュフで名高く「ノルチャ風」というと黒トリュフを使った料理を指す。パスタも具材も、ともに地元の特産を使った料理は近年イタリアではキロメトロゼロ（＝ゼロ・キロメーター、地産地消）と呼ばれる。

トロフィエ・アル・ペスト

Trofie al pesto   ペスト・ジェノヴェーゼのトロフィエ

◆ リグーリア州

トロフィエはリグーリア州レッコ生まれ、長さ3〜4センチの手打ちパスタ。小麦粉と水で作った生地を手のひらでこねるようにして作り、バジリコ、松の実、パルミジャーノ、ニンニク、粗塩、オリーブオイルで作るペスト・ジェノヴェーゼと相性が良い。

テスタローリ

Testaroli   テスタローリ

◆ トスカーナ州

トスカーナ州とリグーリア州の境に位置するルニジャーナ地方にのみ伝わる古代パスタ。小麦粉を水で溶いた生地を一度焼き、大きめに切ってから今度は茹でてソースで和える。伝統的な食べ方はペスト・ジェノヴェーゼ、あるいはオイルとパルミジャーノのみ。

ラヴィオリ・アル・ブーロ・エ・サルヴィア

Ravioli al burro e salvia　バターとセージのラヴィオリ

◆中部

ラヴィオリは詰め物パスタ（パスタ・リピエーナ）の代表的存在で、現在はイタリア全土に見られる。小麦粉と卵で作った生地を薄くのばし、詰め物を並べて生地を重ねてからカット。詰め物はリコッタとイラクサ、ホウレンソウなどが多く、ソースはシンプルにバターとセージのみ。ラヴィオリが歴史上初めて登場したのは、フェッラーラのエステ家に仕えた宮廷人メッシスブーゴが1549年に出版した料理書『晩餐会、料理の構成と食器・小道具一般について』で、メッシスブーゴが考案したパスタとされる。ルネサンス期に生きたことから「料理界のダ・ヴィンチ」とも称されるメッシスブーゴは、マントヴァのゴンザガ家に嫁いだイザベラ・デステの相談役でもあり、フェッラーラとマントヴァ両宮廷の料理を詳細に記録した。

ラヴィオリ・ヌーディ

Ravioli nudi　　　　　　　　　　　包まないラヴィオリ

◆中部

本来のラヴィオリはリコッタ、イラクサ、ホウレンソウなどで作る詰め物(リピエーノ)をパスタ生地で包んで作るが、ラヴィオリ・ヌーディは詰め物のみでパスタ生地が無いという哲学的なパスタ。80年代にはイタリア史上初めてミシュラン3つ星を獲得したグアルティエロ・マルケージが「裸のラヴィオリ」という皮の無い、分解ラヴィオリで一世を風靡した。

クレスペッレ・アッラ・フィオレンティーナ

Crespelle alla fiorentina　　　　　フィレンツェ風クレスペッレ

◆トスカーナ州

クレスペッレは小麦粉、卵、牛乳で生地を作るパスタで、フランスでは「クレープ」として広く出回っており、その語源はラテン語のCrispus(巻いた)からきている。アブルッツォ州とトスカーナ州では郷土料理として残っており、トスカーナ州ではリコッタとホウレンソウを詰めてオーブン焼きする。

カネーデルリ
Canederli　　　　　　　　　　　　　　　　　　カネーデルリ

◆ トレンティーノ・アルト・アディジェ州

「パスタではないパスタ」ともいわれる。ドイツ語圏トレンティーノ・アルト・アディジェ州のパスタで、固くなったパンに小麦粉、卵、プロシュート（またはスペック）などをまぜて小さなボール状にし、ブロードで茹でて食べる。あるいはグーラッシュ（北東イタリアの牛煮込み）などの付け合わせにもなる。イタリア北東部からドイツ、オーストリアにかけ国境を越えて存在するパスタ。

オレッキエッテ
Orecchiette　　　　　　　　　　　　　　　　　オレッキエッテ

◆ プーリア州

プーリア州の家庭で作られる手打ちパスタで耳たぶほどの固さが理想といわれることから「耳たぶパスタ」と呼ばれ、セモリナ粉やタイプ0などの粗挽きの粉と水で作る。定番はチーマ・ディ・ラーパと呼ばれるナノハナに似た野菜、唐辛子、煎ったパン粉とあわせて食べる。トマトソースやサルシッチャにも良く合う。

カヴァテッリ・エ・チコーリア

Cavatelli e cicoria　　　　　　　　チコリのカヴァテッリ

◆ 南部

南イタリア各地で作られている手打ちパスタで、地方ごとに「カヴァテッリ」「チカテッリ」「ストラシナーティ」などと呼び名が異なる。セモリナ粉と水で作った生地を小さく切り、指先で押し潰すようにして形作る。南イタリアに多いチコリアと呼ばれる苦みのある野菜と、ペコリーノ・ロマーノなど味の強いチーズをあわせて食べることが多い。

チチェリ・エ・トリア

Ciceri e tria　　　　　　　　ひよこ豆とトリア

◆ プーリア州

世界最古の乾燥パスタの記録は、1154年アラブの地理学者アル・イドリジがシチリア州で目撃した「イトリア」。当時すでにシチリア州では保存と交易を目的としたパスタの生産が行われていた。プーリア州南部の郷土料理「トリア」は「イトリア」の末裔で水と小麦粉で作った生地を短めに切り、半量は素揚げ、半量は茹でてからひよこ豆と和えて食べる。

スパゲッティ・アッラ・ブザーラ
Spaghetti alla busara　　アカザエビのトマトソースのスパゲッティ
◆ヴェネト州

「ブザーラ」はイタリア北東の街トリエステからスロヴェニア、クロアチアなどイストリア半島に伝わる料理。ヴェネツィアを中心にイタリアでも多く食べられている。貝類やエビ、カニなどの魚介類を唐辛子を利かせたトマトソースで煮込み、スパゲッティなどのパスタや米と和えて食べる。Buzara と表記されることもある。

スパゲッティ・アル・バッカラ
Spaghetti al baccalà　　塩蔵鱈のスパゲッティ
◆中部

保存食としてヨーロッパ全土に伝わる塩蔵鱈「バッカラ」はさまざまな形で食卓に上るが、オリーブオイルとニンニクで炒めてパスタソースにすることも多い。ノルマン人は中世の頃、河川をさかのぼり、南欧各地に交易品としてバッカラをもたらした。

スパゲッティ・アッラ・ボッタルガ
Spaghetti alla bottarga　　カラスミのスパゲッティ
◆サルデーニャ州

フェニキア人が製法を伝えたボラのカラスミ（ボッタルガ）は、サルデーニャ州のカブラスが名産。イタリアではマグロやスズキでもボッタルガを作るが色、味、質ともボラが最上級とされる。おろしたてボッタルガを乳化させてソースにする。

スパゲッティ・アッラ・カレッティエラ

Spaghetti alla carrettiera　　　　御者風のスパゲッティ

◆中部、南部

「カレッティエラ」とはイタリア中南部に伝わる料理で、馬車を操る御者（カレッティエレ）が食べていたことからその名がついた。トスカーナ州では体が温まるようにとニンニクと唐辛子をしっかり利かせたトマトソースだが、シチリア州では生ニンニクと唐辛子のみでトマトを使わない。また、ローマではキノコやツナを入れる。

スパゲッティ・アル・カルチョーフォ

Spaghetti al carciofo　　　　アーティチョークのスパゲッティ

◆中部

中南部を中心に栽培されているカルチョーフォ（アーティチョーク）は秋から春にかけてが旬。最盛期にはアーリオ・オーリオ・ベースに刻んだ生カルチョーフォを加え、軽く加熱してパスタと食べることが多い。「ヴィオレット」「スピノーゾ」「ロマネスコ」など多くの種類があり、調理法も多様。イタリア人にとって旬を感じる料理。

スパゲッティ・アッラ・クルダイオーラ

Spaghetti alla crudaiola　　　生トマトのスパゲッティ

◆ 南部

生トマト、バジリコ、モッツァレラなどを非加熱でパスタに和えて食べるシンプルかつヘルシーなパスタ料理。南イタリアの夏では冷製パスタにすることも多い。スパゲッティの代わりにペンネを使い、サラダ仕立てにすれば海水浴の定番ランチ・ボックスになる。

パスタ・アッラ・ノルマ

Pasta alla norma　　　ノルマ風パスタ

◆ シチリア州

シチリア州東海岸、特にカターニア周辺のパスタでナスのトマトソースとリコッタ・サラータというチーズを使う。その名はカターニア出身の作曲家ヴィンツェンツォ・ベッリーニの代表的オペラ『ノルマ』に由来。これは19世紀のカターニアの作家ニノ・マルトーリオがナスのパスタを食べて「この美味しさはノルマ級だ」と叫んだことに由来する。

スパゲッティ・アッラ・グリーチャ

Spaghetti alla gricia　　　塩漬け豚頬肉のスパゲッティ

◆ラツィオ州

アマトリチャーナのトマト無しバージョン、別名白いアマトリチャーナ。トマトがヨーロッパに入る以前から存在していたので、逆にアマトリチャーナを赤いグリーチャと呼ぶべきか。塩漬け豚頬肉グアンチャーレ、ペコリーノ・ロマーノ、黒胡椒。いずれも羊飼いの携行品で作る究極のアウトドアライフ・パスタ。トンナレッリで作ることも多い。

パスタ・アッラ・パヤータ

Pasta alla pajata　　　仔牛の小腸のパスタ

◆ラツィオ州

パヤータとはローマ弁で牛の小腸のこと。標準イタリア語ではパリアータ。乳飲み仔牛の小腸をトマトソースで煮込み、ペコリーノ・ロマーノで味を調える。ローマでも正肉以外の内臓や尾、頭などをクイント・クアルト（動物を4分割したうちの5番目）と呼ぶが、これは日本語のホルモン＝ほうるもん、とおなじ意味。狂牛病問題でしばらく禁止されていたが2015年秋に復活した。

ブカティーニ・アル・トンノ

Bucatini al tonno　　　　　　　　マグロのブカティーニ

◆南部

シチリア州やサルデーニャ州ではマグロ漁が盛んで、トラーパニ、カルロフォルテといった町には伝統的なマグロ料理が多く存在する。トンノ・ロッソ（地中海クロマグロ）の中トロを使えば最上級のパスタとなるのは想像に難くないが、伝統的には血合いや内臓、カマなど、商品にならない部位を使った漁師のレシピがオリジナルで、より味も強い。

パスタ・コン・レ・サルデ

Pasta con le sarde　　　　　　　　イワシのパスタ

◆シチリア州

安価なイワシを使った伝統的なパレルモ料理だが、現在はシチリア州を代表するイコン的パスタの一つ。イワシ、野生のフェンネル、松の実、レーズン、サフランで作るソースには穴の開いたロングパスタ、ブカティーニが定番。シチリア州では煎ったパン粉モリーカをよく使うが、これも無駄を出さないクチーナ・ポーヴェラ（質素な料理）の一つ。

ロリギッタス

Lorighittas　　　　　　　　　　　　　　　　　　　　　　　ロリギッタス

◆ サルデーニャ州

パスタ王国サルデーニャ州の中でも最も熟練の技を必要とする手打ちパスタ。セモリナ粉と水で練った生地をひも状に細くのばし、指に二重に巻き付いてからねじることでメビウスの輪のような形状になる。パスタソースがからみやすく歯ごたえもしっかり。

マッロレッドゥス

Malloreddus　　　　　　　　　　　　　　　　　　　　　　マッロレッドゥス

◆ サルデーニャ州

別名サルデーニャ風ニョッキ、ニョッケッティ・サルディとも。セモリナ粉と水で作るがサフランを入れることもある。カンピダーノ風はサルシッチャとペコリーノで作ったトマトソースで和える。ホウレンソウ、ビエトラ、卵、生クリームで和えるオリスターノ風もある。

フレーグラ

Fregula　　　　　　　　　　　　　　　　　　　　　　　　フレーグラ

◆ サルデーニャ州

セモリナ粉で作るクスクスによく似た形状の粒状のパスタ。語源はラテン語のFricare（細かく刻む）。海岸部ではエビや貝などのスープと煮込むことが多く、内陸部ではサルシッチャ入りトマトソースを使いリゾット状にする。伝統的には家庭で手作りしていた。

クスクス

Cuscus　　　　　　　　　　　　　　　　　　　　　　　　クスクス

◆ シチリア州

北アフリカ料理として知られるが、アフリカに近いシチリア州西海岸に古くから伝わるアラブ起源のパスタ。セモリナ粉と水を専用の器で粒状にしたあと一度蒸し、ソースをかけて食べる。魚介、肉、豆、野菜のみとさまざまなバージョンがある。

リゾット・アッラ・ミラネーゼ
Risotto alla milanese　　　　ミラノ風リゾット

◆ロンバルディア州

サフランを加えて色付けするリゾットで、ミラノ料理の代名詞。この料理が生まれたのは 1574 年 9 月。ミラノの大聖堂建設中に職人たちが共同生活をしていたが、あるガラス職人が賄い用リゾットにサフランを加えたことで誕生したといわれる。しかし 1549 年に出版されたメッシスブーゴのレシピにはすでにサフランを加えた米料理が見られることから、その起源はフェッラーラにある。

リゾ・アッラ・ピロータ
Riso alla pilota　　　　米農家風リゾット

◆ロンバルディア州

水の豊かなマントヴァ近郊は米の産地で、米農家風のリゾットはチーズでマンテカーレ（とろみをつける）せず、さらりと茹でてから川エビのフリットやサルシッチャ、ナマズなどの具と和える。ピロータとは精米する人のことをいう。マントヴァの東に広がる水田地帯にはこの料理をスペシャリティとするトラットリアが多い。

リゾット・アル・タルトゥーフォ・ビアンコ
Risotto al tartufo bianco　　　　　　　　　　　　　　　　白トリュフのリゾット

◆北部、中部

白トリュフをもっとも美味しく食べる方法の一つ。あらかじめ米とトリュフをガラスの容器で保存しておくと米にトリュフの香りが移り、より芳しくなる。シンプルにブロードとチーズで作ったリゾットにスライスするのが最上の食べ方。

リゾット・アッラマローネ
Risotto all'amarone　　　　　　　　　　　　　　　　アマローネのリゾット

◆ヴェネト州

ヴェネト州、特にヴェローナで見られるリゾット。地元特産の赤ワイン、アマローネをふんだんに使って色と香りをつけ、チーズで味付けする。ヴェローナの古いオステリアではこのリゾットを立ち食いしつつアマローネを飲む地元の人の姿が見られる。

リゾ・エ・ガンベリ・アル・カリー
Riso e gamberi al curry　　　　　　　　　　　　　　　　エビカレーのライス添え

◆北部、中部

イギリスの影響を受けた料理で1950年代にはヴェネツィアのハリーズバーはじめ、モダン料理として一世を風靡。北中部の老舗料理店には今もメニューで見ることが多い。あまり煮込まず、エビに火を通した後生クリームとカレー粉を加えて一煮立ちさせる。

ティエッラ・ディ・リゾ
Tiella di riso　　　　　　　　　　　　　　　　米のティエッラ

◆プーリア州

南イタリアのプーリア州、特にバーリ周辺で食べられる米とムール貝、野菜などの米料理。伝統的には米や具を敷き詰めた上にジャガイモで蓋をするようにしてからオーブンで仕上げる。ティエッラとは専用の器のことでプーリア州ではそのまま食卓に出す。

パンツァネッラ

Panzanella　　　　　　　　　　　　パンと野菜のサラダ

◆ トスカーナ州

固くなったトスカーナ・パンを水に浸してからよく絞り、トマト、キュウリ、紫タマネギ、バジリコ、そして上質なオリーブオイルで和えたサラダ。パンを再利用したクチーナ・ポーヴェラ（質素な料理）で、かつては農民が昼食として戸外で食べていた。夏に美味しい冷たい料理ピアットフレッド、そしてメインも兼ねる一品料理ピアットウニコとして、トスカーナ州のレストランでよく見かける。

パッパ・アル・ポモドーロ

Pappa al pomodoro　　　　　　　パンのトマトソース粥

◆ トスカーナ州

上項と同様固くなったパンを再利用するクチーナ・ポーヴェラの象徴的料理。水に浸してからトマトソースで煮込むパン粥。トスカーナの農家で作られていたが1912年フィレンツェの作家ヴァンバが作品の中で取り上げたことで全国的に知られるようになった。

リボッリータ

Ribollita　　　　　　　　　　パンと白いんげん豆の野菜煮込み

◆ トスカーナ州

固くなったパンを水で戻し、白いんげん豆や野菜とともに煮込む冬のクチーナ・ポーヴェラ。中世の頃、領主は固く焼いたパンを皿代わりにし肉をのせて食べていたが、使用人は領主の食べ残したパンを残り野菜とともに煮込んで食べたのがはじまり。

イタリア料理一皿解説
セコンドピアット Secondo Piatto

プリモピアットの次に出される、肉や魚を使った料理。メインの料理(イタリア語では pietanza ピエタンツァ）とも意訳されることが多い。内陸部では肉、海岸地方では魚を使ったメイン料理が伝統的だが、都市部では、魚のセコンドピアットを常時提供する店も少なくない。また、昨今の健康志向や菜食主義者の増加を受けて、卵や野菜を主役にしたセコンドピアットも人気を得ているが、ここでは伝統的な肉及び魚料理を紹介する。

カルパッチョ

Carpaccio　　　　　　　　　　　　　　　　　　　　　　　カルパッチョ

◆全国

ヴェネツィアの有名店「ハリーズ・バー」のオーナーが、医師から加熱した肉の摂取を制限されたある貴族夫人のために考案。脂肪の少ない牛ヒレをごく薄く叩きのばし、ソース（マヨネーズ、あるいはオリーブオイル、レモン、塩、胡椒）を全体にかける。

カルネ・クルーダ

Carne cruda　　　　　　　　　　　　　　　　　　　　生牛肉のタルタルステーキ

◆全国

脂肪の少ない牛または仔牛の赤身肉を包丁で細かく刻んだもの。食べる時は、好みでオリーブオイル、レモン、塩、胡椒で味付けする。挽肉ではなく、必ず包丁で刻んだものを使う。タルターラともいう。ピエモンテ州アルバ地方の名物でもある。

サルシッチャ・アッラ・グリッリア

Salsiccia alla griglia　　　　　　　　　　　　　　　　　生ソーセージのグリル

◆全国

グリル料理の定番であり、太めの短いサルシッチャ、細長くとぐろを巻いたようなサルシッチャなど各地伝統のサルシッチャをシンプルに味わうことができる。太いサルシッチャの場合は効率良く加熱するために縦半分に切り開くこともある。

ヴィテッロ・トンナート

Vitello tonnato　　　　　　　　　　　　　　　　　　　仔牛のツナソース

◆ピエモンテ州

香味野菜とともにブロード（もしくは水）で茹でた仔牛肉に、ツナの油漬け、茹で卵、ケイパー、アンチョビ、オリーブオイルをミキサーでクリーム状にしたソースを添える。ピエモンテではヴィテル・トネとも呼ばれ、前菜として出すことも多い。

コトレッタ・アッラ・ミラネーゼ
Cotoletta alla milanese
ミラノ風カツレツ

◆ロンバルディア州

仔牛の骨付き肋間肉を薄く叩きのばして塩、胡椒し、溶き卵、パン粉をまぶしてバター（最近はオリーブオイルを使う場合も多い）で揚げ焼きしたもの。衣が浮き上がらないように、包丁の峰で押さえつけた時にできる筋模様が特徴。オーストリアのウィーナーシュニッツェルの原型ともいわれているが、彼の地では仔牛の腿肉を使い、綿実油で揚げるなど相違点がある。

フリット・ミスト・ディ・カルネ
Fritto misto di carne
肉のミックス・フリット

◆全国

数種類の肉のほか野菜も一緒に盛り合わせることが多い。全国で見られるが、特に中部から北部にかけて一般的。使う肉は、鶏肉、うさぎ肉など淡白な白身が多く、野菜はズッキーニ、ナス、カリフラワー、インゲンなど。またリンゴや青いトマトを加えることもある。衣に味がついている上、供す前に塩をふることも多いので、ソースなどを添えることはあまりない。

カレ・ダニェッロ

Carré d'agnello   仔羊の骨付きロース

◆ 全国

イタリアで最も消費されるのは豚肉、次いで牛肉、鶏肉、羊肉。一般家庭で羊はさほど頻繁に食べられることはないが、春は仔羊が生まれる時季であることからも、復活祭では仔羊をメインにすることが多い。日本ではラムチョップと呼ばれるこの部位は、塊のままローストや煮込みにするか、骨ごとに切り分けてハーブを加えたパン粉をまぶしたフリットにする。

アリスタ

Arista   豚ロースのオーブン焼き

◆ トスカーナ州

豚の骨付きロースに切れ目を入れ、ニンニク、ローズマリー、塩、胡椒などを混ぜたものを詰めて、刻んだ香味野菜とともにオーブンでローストした料理。名前の由来は、14世紀に東西のキリスト教公会議がメディチ家の提唱によってフィレンツェで開かれた時、この料理を食べたギリシャ正教の高僧が「アリストス（最高）！」と称えたことに依るという説がある。

アッバッキオ・アッロ・スコッタディート
Abbacchio allo scottadito　　　　　　　　　　　　仔羊の鉄板焼き

◆ ラツィオ州

ローマの定番料理の一つ。乳飲み仔羊の柔らかい骨付き肉を鉄板で焼いただけのシンプルな一皿。スコッタディートとは"やけどした指"という意味で、熱々を手づかみで食べるのが流儀。好みでレモンを絞るが、胡椒は風味が強いのであまり使わない。

アッバッキオ・アル・フォルノ
Abbacchio al forno　　　　　　　　　　　　　　仔羊のオーブン焼き

◆ ラツィオ州

スコッタディートは切り分けた仔羊肉を短時間強火で焼くが、骨付きの塊肉はオーブンでじっくりロースト。繊細な風味を楽しむため、調味は塩やローズマリーなどごくシンプル。同じくローズマリー風味のローストポテトを付け合わせにすることも多い。

アッラルピーナ
All'alpina　　　　　　　　　　　　　　　牛肉ソテーのポルチーニ茸のせ

◆ トスカーナ州

牛フィレ、またはロースをフライパンでソテーする時に、ニンニクを差し込んだポルチーニ茸のかさの部分を加えて一緒にソテー。ポルチーニにつきもののハーブ、ネピテッラ（野生のミントの一種）を加えることも多い。秋の味覚の逸品。

ローストビーフ
Roastbeef　　　　　　　　　　　　　　　　　　　ローストビーフ

◆ トスカーナ州、全国

牛の赤身塊肉をオーブンまたは鍋でじっくりローストし、粗熱がとれたらごく薄切りにして皿に盛り、残った焼き汁をソースとしてかけ、好みでオリーブオイルも添える。本場イギリスのものよりもあっさりとした味わいとヘルシーさで人気がある。

ビステッカ・アッラ・フィオレンティーナ

Bistecca alla fiorentina

フィレンツェ風牛肉のTボーンステーキ

◆ トスカーナ州

牛の骨付きロースとフィレを炭火で焼いたもの。トスカーナ料理のなかでも、特にフィレンツェ料理を代表する名物。キアーナ牛という全身真っ白な牛の肉を使うのが伝統。厚さは4～5センチ程度、表面はしっかりとした焼き色、内側は鮮やかな赤色。調味は基本的に焼く時に塩をふるのみ。食べる時にトスカーナ産のオリーブオイルをたっぷりとかける。14世紀の中頃、メディチ家の老コジモがサン・ロレンツォ教会の建築に資金を出した頃より、同家にとって聖ロレンツォは守護聖人であり、毎年8月10日の聖ロレンツォの日には、当時カルボナーテと呼ばれた薪焼きの牛肉ステーキがメディチによって市民にふるまわれた。その時にフィレンツェに滞在していたイギリス人兵士たちが、それを「ビーフ・ステーク」と呼んだことから、ビステッカの名がついたといわれている。

タッリアータ

Tagliata 切り分けた牛肉のソテー

◆ トスカーナ州

タッリアータとは、"切った"という意味で、牛のロースやフィレをフライパンやグリラーで焼き、1.5センチ幅程度に切り分けたもの。調味は基本的に塩だけだが、好みでローズマリーやセージを焼く時に添える。表面は焼き色がつき、内側は赤に近いピンク色で、食べる時にオリーブオイルをかける。バルサミコ酢をかけたり、また、トマトとルーコラを添えることもある。

ポルチェッドゥ

Porceddu 仔豚の丸焼き

◆ サルデーニャ州

ごく小さい仔豚を半割りにして串に刺し、窯でじっくりと焼き上げたもの。調味は塩のみ。ぱりっと焼けた皮とジューシーな肉のコントラストが美味しさのポイント。サルデーニャでは休日や祝いの日に、屋外の窯でポルチェッドゥを焼く習慣がある。

ポッロ・アル・マットーネ

Pollo al mattone 鶏のれんが焼き

◆ 中部

鶏肉(皮なしの胸肉)を、オリーブオイル、レモン、ローズマリー、セージ、塩、胡椒などでマリネし、グリラー、もしくは炭火焼きの網にのせ、上に熱く熱したれんが(イタリア語でマットーネ。アルミホイルで巻いておく)をのせて焼き上げたもの。

ボッリート

Bollito 茹で肉

◆ 北部、中部

ボッリートとは、"茹でた"という意味。牛すね肉、牛タン、鶏胸肉、コテキーノ（豚のさまざまな部位とスパイスの腸詰め）など数種類の肉類を香味野菜とともに茹で、オリーブオイルやマスタード、モスタルダ（マスタードシード入り果物のシロップ煮）で食べる。「レッソ」という料理も同様に肉と野菜を水から煮込むが、そちらは茹で汁（ブロード）が主役となる料理。

コーダ・アッラ・ヴァッチナーラ

Coda alla vaccinara 牛テールの煮込み

◆ ラツィオ州

コーダはしっぽ、ヴァッチナーラとは肉屋風という意味で、ローマ下町のと畜場界隈で生まれた料理。牛テールをラード、スパイスとともにオリーブオイルでソテーし、白ワイン、トマトで煮込み、肉が柔らかくなったら煮汁を別鍋に移し、茹でたセロリ、松の実、レーズンを加えて軽く煮る。この時、ブラックチョコレートを入れることもある。肉を皿に盛りつけて、煮汁をソースとしてかける。

オッソブーコ

Ossobuco

骨付き牛すね肉の煮込み

◆ 北部、中部

ミラノ風、フィレンツェ風、ローマ風などと各地にそれぞれの"オッソブーコ"がある。ミドッロと呼ばれる骨髄も味わうため、仔牛、または牛のすね肉の骨の太いものを使う。小麦粉をまぶし、香味野菜とともにフライパンでソテーし、白ワインで煮込むのが基本的な作り方。サフランやトマトを加えることもある。付け合わせはミラノ風リゾットやジャガイモのピュレが一般的。

ペポーゾ

Peposo

牛肉の胡椒煮

◆ トスカーナ州

フィレンツェの大聖堂の建築時、テラコッタ（素焼き陶器）の村インプルネータで屋根瓦を作っていた職人たちが編み出した料理で、牛肉を赤ワイン、黒胡椒とともに窯の余熱でゆっくりと煮込んだもの。黒胡椒（ペペ）をたっぷり使うのでこの名がついた。大聖堂の建築家ブルネッレスキも職人と一緒に食べたといわれている。トマトが新大陸から伝わる前の料理ゆえ、トマトを使わないのが正式。

トリッパ

Trippa 牛胃袋の煮込み

◆中部

トリッパとは広義では、牛や羊などの胃袋を指し、料理ではおもに牛の第二胃袋(ハチノス)を意味する。トリッパを使った煮込み料理は、ミラノ風、フィレンツェ風、ローマ風など土地によってさまざまな作り方がある。フィレンツェ風は、香味野菜をオリーブオイルで炒め、下茹でしたトリッパを加え、さらにトマト、セージで煮込む。ローマ風ではセージの代わりにミントを使う。

ストラコット

Stracotto シチュー

◆北部、中部

"よく煮込んだ"という意味のこの料理は、文字通り、長時間煮込んで肉を柔らかく仕上げるのがポイント。煮込み時間は二日に及ぶこともある。同じく肉の煮込みを示す言葉に、ストゥファートがあるが、ストラコットのほうがより長時間煮込むものを指すことが多い。牛肉、馬肉、ロバの肉など繊維がしっかりとした肉に向いた料理法で、煮込む間に味を逃さないよう塊肉を用いるのが鉄則。

コラテッラ・ダニェッロ

Coratella d'agnello　　　　　仔羊の内臓の煮込み

◆ラツィオ州

仔羊の内臓（小腸、レバー、心臓、脾臓、肺など）を、タマネギ、ニンニクを炒めたところに加え、白ワインとともに煮込み、ハーブ（タイム、イタリアンパセリ、バジリコなど）を加えて仕上げたもの。トマトを加えることもある。かつては復活祭の時期、貧しい人々の食卓を賑わせた伝統料理。イタリアでは狂牛病の影響で一時期仔羊の内臓の食用が禁止されたことで、注目を浴びた。

カッソエウラ

Cassoeula　　　　　豚と豚内臓と野菜の煮込み

◆ロンバルディア州

豚のさまざまな部位、内臓をちりめんキャベツとともに煮込んだ冬の伝統料理。ロンバルディア州各地でさまざまなバリエーションがあるが、肉の味を含んだキャベツが主役の料理である。起源は定かではないが、フランスやスペインの同様の料理が持ち込まれて発展したともいわれる。豚のと畜を行うその冬最後の日（1月17日）に、霜に当たって甘さを増したキャベツを使うのが伝統。

サルシッチャ・エ・ファジョーリ

Salsiccia e fagioli　　生ソーセージと白いんげん豆の煮込み

◆ トスカーナ州

豚肉のソーセージ(サルシッチャ)と白いんげん豆の組み合わせは、トスカーナの伝統的な冬の料理の一つ。シンプルなこの料理には、いんげん豆とトマトという南米から持ち込まれた比較的"新しい"食材が使われていること、また、サルシッチャを豆とともに煮込むバージョンはチリコンカルネを思わせることから、起源はさほど古いものではないといわれる。

ポルペッテ

Polpette　　　　　　　　　　　　　　　　　　ミートボール

◆ 全国

ポルペッテという言葉は、細かくした材料を卵や小麦粉などのつなぎを使ってまとめ、丸く(または楕円形)形作ったものを指す。魚、野菜などさまざまな素材を使ったポルペッテがあるが、肉のポルペッテが最も一般的。写真のようにトマトソースで煮込むほか、ミラノやヴェネツィアでは揚げることも多い。素材も生肉だけでなく、ボッリート肉の残りを使うなど始末料理としての面もある。

モンデギーリ・アッラ・ヴェルツァ

Mondeghili alla verza　　　　　ロールキャベツ

◆ ロンバルディア州

ミラノではポルペッテのことをモンデギーリと呼ぶ。これは、スペイン語の「アルボンディーガ」が変化したものだといわれ、その語源はアラブ語だと考えられている。肉料理の残り（ボッリートなど）とモルタデッラやハムを主材料にして、その時にあるものを混ぜ込んで丸くまとめる。これをさらにちりめんキャベツで包んで蒸し煮にしたロールキャベツは、ミラノの冬の伝統料理。

ポッロ・アル・ペペローネ

Pollo al peperone　　　　　鶏とパプリカの煮込み

◆ ラツィオ州

一般的な家庭料理であり、ローマの伝統料理店でもしばしば見かける料理。骨付きの鶏肉を適当に切り分けてオリーブオイルで炒め、白ワインを加え、さらにトマトソース、タマネギ、細切りにしたパプリカを加えてしばらく煮込む。調味は塩、好みで唐辛子やパプリカパウダーを加えることもある。ローマ料理のなかでも比較的マイルドで現代的な料理である。

ブラチョーラ・リファッタ

Braciola rifatta　　　　　　　　牛カツレツのトマトソース煮

◆ 中部

ブラチョーラとは、もともとはフライパン焼きステーキ用の牛や豚の腰肉を意味し、時に骨付きの肉を指すこともある。中部、特にトスカーナ州でブラチョーラといえば、薄切りにした牛肉または豚肉に粉やパン粉をつけて焼いたもの。リファッタとは、"再び料理した"という意味で、焼いたブラチョーラをニンニク、イタリアンパセリで風味をつけたトマトソースでさっと煮た料理のこと。

ファルソマーグロ

Falsomagro　　　　　　　　　牛肉ロールの煮込み

◆ シチリア州

名の由来は、フランス語のfarcie de maigre（質素な詰め物）からという説や、falso magro（見せかけの痩せ）から来たという説があるが、定かではない。いずれにしても、牛肉の赤身肉で詰め物をロール状に包んだ料理を指す。また、現代ではトマトソースで煮込むのが一般的だが、トマトがイタリアに来る前からこの料理は存在しており、トマトを使わずに仕上げる場合もある。

サルティンボッカ

Saltimbocca　　　　　　　仔牛と生ハムとセージのソテー

◆ラツィオ州

仔牛の薄切り肉にセージ、生ハムをのせて小麦粉をまぶし、フライパンで白ワインとともにソテーしたローマ料理。シンプルだが、その美味しさは格別で、あまりにも美味しいので、口(ボッカ)に飛び込んでくる(サルティン)という表現がそのまま料理名となった次第。ローマの家庭では、肉を食べたがらない子供の食欲をそそるものとしてしばしば作られるという。

スカロッピーナ

Scaloppina　　　　　　　仔牛薄切り肉のソテー

◆全国

仔牛の肉を薄く叩きのばして塩、胡椒、小麦粉をまぶしてソテーした料理。スカロッパ scaloppa から派生した言葉で、肉の一切れが小さめのものをスカロッピーナと呼ぶ。仕上げにマルサラ酒を加えたものはアル・マルサーラ、レモンの絞り汁を加えたものはアル・リモーネという。繊細な仔牛肉の味わいを引き立てることがポイントなので、重いソースやトマトソースを用いることはない。

アクアパッツァ

Acquapazza   魚介とトマトの蒸し煮

◆南部

"気の狂った水"という名前のこの料理は、ラツィオ州の沖に浮かぶポンツァ島の漁師がよく作る料理だったが、喜劇俳優のトトのお気に入りだったことから、映画人がよく通ったカプリ島の人気料理となった。丸ごとの魚（タイやカサゴなど）にトマト、ニンニク、イタリアンパセリ、好みでアサリやムール貝なども加え、白ワインと水を加えて一気に加熱。オーブンで焼くこともある。

バッカラ・アッラ・リヴォルネーゼ

Baccalà alla livornese   リヴォルノ風塩蔵鱈のトマトソース煮

◆トスカーナ州

北海からやってくる塩蔵鱈のバッカラは、海のあるイタリアでも好まれる食材の一つ。トスカーナではしばしば、塩抜きしたバッカラをそのまま茹でただけで食べる。リヴォルノ風は、塩抜きしたバッカラに粉をまぶして揚げ焼きにし、唐辛子を少々加えたトマトソースで軽く煮込んだもの。キリスト教で魚食が奨励された金曜日のメニューとして、トラットリア等でもよく見かける。

バッカラ・フリット

Baccalà fritto   塩蔵鱈のフリット

◆中部

バッカラの食べ方でもっともポピュラーな方法の一つがフリット。塩抜きしたバッカラに小麦粉と水で作った衣をつけて揚げる。気軽な食堂でよく提供されるが、テイクアウトの総菜として売られることも多い。甘酢でマリネする二次利用も一般的。

アリーチ・フリッテ

Alici fritte   イワシのフリット

◆中部、南部の海岸地域

イワシに小麦粉をまぶして揚げただけのシンプルな料理は、海岸地域の庶民料理の代表的な総菜。長さ10センチほどの小型のイワシの頭と内臓を（ごく小さいものは頭のみ）取り除いて揚げる。骨ごと食べるのが普通。胡椒はふらず、レモンを添える。

フリッテッレ・ディ・ネオナーテ

Frittelle di neonate   しらすのかき揚げ

◆南部

シチリア州など南の海岸地域で、春から初夏にかけて魚市場に出回る白い稚魚に小麦粉と卵と水で作る衣を混ぜ合わせ、小判形などに形作って揚げたもの。ふわふわした食感と繊細な魚の風味が楽しめる。前菜として供されることも多い。

フリット・ミスト・ディ・ペッシェ

Fritto misto di pesce   魚介のフリット

◆海岸地域

イカ、エビ、小魚などを揚げた料理。南イタリアでは小麦粉のほか、セモリナ粉をまぶして揚げることが多く、対して、北イタリアでは小麦粉と水で作る衣で天ぷら状にすることもある。小魚が多い場合は、フリット・ディ・パランツァとも呼ぶ。

カッチュッコ

Cacciucco   魚介のスープ

◆ トスカーナ州

港町リヴォルノを代表する伝統料理。元々はトルコ語でさまざまな小魚を集めたものを意味する言葉 kükütが語源とされる。魚や貝、甲殻類をニンニクと唐辛子、トマトで煮込んだもので、炙ったパンを添え、スープもしっかりと味わう。作り方は人により店によりさまざまで、しばしば論争も起きるほど。名前にcの文字が5つあることから、5種類の魚介を使うべきだという説もある。

ブロデット

Brodetto   魚介のスープ

◆ マルケ州とアドリア海沿岸地域

ブロデットとはブロードという言葉から派生し、野菜や卵のブロデットも存在するが、この地域ではスープを伴った魚介（多種類、もしくは1種類）料理を意味する。州都アンコーナではシタビラメ、それより北のロマーニャ地方はウナギなど、土地によって主役となる素材が異なる。イタリアで魚介スープのコンクールが開催されると、カッチュッコとブロデットの優勝争いになることが多い。

ポルポ・アッフォガート

Polpo affogato　　　　　　　　　タコのトマトソース煮

◆カンパーニア州

ナポリの伝統料理の一つ。タコをニンニク、唐辛子とともにトマトで煮込んだもの。タコは柔らかくなるまでじっくり煮込むのが鉄則。前菜として供したり、またスーゴ（煮汁）はパスタソースにすることもある。アッフォガートとは"溺れた"という意味で、この料理のほか、ポーチドエッグや、ジェラートにエスプレッソをかけたデザートなど、アッフォガートとつくものは多い。

ブッリーダ

Burrida　　　　　　　　　　　ツノザメのマリネ

◆サルデーニャ州

ツノザメやエイなど白身の魚を、香味野菜、イタリアンパセリ、レモン、塩とともに水から茹でた後、ニンニク、酢、松の実やクルミなどで作ったマリネ液に漬け込んだもの。常備菜として用意されていることが多い。ジェノヴァにもブリッダ Buridda という非常によく似た名前の料理があり、一口大に切った魚やイカ、貝をキノコとともにトマトベースのソースで煮込んだものを指す。

インヴォルティーニ・ディ・ペッシェ・スパーダ

Involtini di pesce spada　　　　　　　　　　　カジキロールのオーブン焼き

◆シチリア州

パン粉、ニンニク、ケイパー、サルタナレーズン、松の実、イタリアンパセリ、レモンの皮、塩、胡椒、オリーブオイルを混ぜ合わせ、ごく薄切りのカジキの切り身にのせてロール状にし、串に刺してオーブンで焼いたもの。シチリア州東部の名物だが、全島で作られる。

ペッシェ・スパーダ・アッラ・グリッリア

Pesce spada alla griglia　　　　　　　　　　　　　　カジキのグリル

◆シチリア州

カジキは地中海の魚の王様といわれ、シンプルにグリルやソテーにしたものがシチリア州の代表的なご馳走の一つ。州都パレルモには、イタリアンパセリやニンニクで香りをつけたパン粉をまぶしてソテーする、パレルモ風 alla palermitana がある。

サルデ・ア・ベッカフィーコ

Sarde a beccafico　　　　　　　　　　　　　　イワシの詰め物焼き

◆シチリア州

ベッカフィーコとは小型の野禽の一種で、本来はそれをオーブン焼きにするときに用いた材料で作ることから、この名がついた。パン粉、サルタナレーズン、松の実、オリーブオイルを混ぜ合わせたものをイワシで挟む、あるいはロール状にして焼いたもの。

サルデ・アッラ・グリッリア

Sarde alla griglia　　　　　　　　　　　　　　　　イワシのグリル

◆南部

青魚、特にイワシはイタリアでもっとも食べられている魚種で、なかでも、オリーブオイルをかけたグリルはシンプルながらも親しまれている調理法。イワシだけで、あるいはトマトやニンニクを加えることもある。仕上げにイタリアンパセリをふるのが一般的。

イタリア料理一皿解説
付け合わせ Contorno

コントルノとは、セコンドピアットと同時に食べる付け合わせのこと。多くは、セコンドピアットとは別の皿で供され、焼く、茹でる、揚げる、煮る、マリネ等シンプルに調理された野菜料理であることが多い。また、メニューであらかじめセコンドピアットとセットで表示されているコントルノは、たとえば、オッソブーコとジャガイモのピュレといったように同じ一つの皿に盛りつけられることもある。コントルノとしてメニューに載っている料理を前菜として注文することも可能である。

バーニャ・カオダ

Bagna caoda　　　　　　　　野菜のアンチョビ、ニンニクソース

◆ピエモンテ州

バーニャ・カウダとも呼ばれ、中世にプロヴァンスから伝わった料理が原型。バターとオリーブオイルを熱してニンニク、アンチョビを加えたソースに野菜をつけて食べる。18世紀ではソースに卵黄を加えることもあった。野菜はカルド、トピナンブール（キクイモ）、パプリカ、キャベツ、ポロネギ、タマネギ、ジャガイモ、セロリ、フェンネルなど。炙ったポレンタなどが加わることもある。

アスパラジ・アッラ・ビスマルク

Asparagi alla bismark　　　　アスパラガスのビスマルク風

◆北部、中部

ビスマルクとは、19世紀ドイツの"鉄血宰相"と呼ばれたオットー・フォン・ビスマルクのこと。ドイツ料理にビスマルク風と名のつくものはないが、イタリアでは目玉焼きを添えたステーキがパワフルな一皿であることを表すためにその名がついたという。今は、ビスマルク風といえば、ステーキに限らず、目玉焼きをのせた茹でたアスパラガス、卵をのせて焼いたピッツァなどがある。

カポナータ

Caponata　　　　　　　　　　　　　　　　　野菜の甘酢煮

◆ シチリア州

揚げたナスとトマト、セロリ等を砂糖、酢で煮込んだ料理。もともとはカポーネ（カサゴ）を使った料理だったといわれている。スペイン統治時代のシチリア州では、魚を使ったカポナータに、とある修道院の名をとったサン・ベルナルドのサルサと呼ばれるアーモンド、チョコレート、アンチョビ、パン、砂糖、酢を混ぜあわせた、バロック的な贅沢さが際立つソースを添えたという。

チャンボッタ

Ciambotta　　　　　　　　　　　　　　　　野菜の煮込み

◆ 南部

ジャガイモ、ナス、トマト、パプリカ、タマネギ、唐辛子、ハーブなどを煮込んだ料理。南部各地でさまざまなバージョンがあり、ナポリではチャンフォッタ（牛肉と一緒に茹でたジャガイモ、トマト、タマネギなどの野菜を再び煮たものに、唐辛子とオレガノで風味づけ）、バジリカータ州ではチャンモッタ（野菜を別々に揚げてからトマト、ニンニクで煮込む）など呼び名も変わってくる。

カルチョーフォ・アッラ・ロマーナ
Carciofo alla romana　　　ローマ風アーティチョーク

◆ラツィオ州

マンモラと呼ばれる大きく丸い品種のアーティチョークを使い、ニンニク、イタリアンパセリ、ミントとともに野菜のブロードとオリーブオイルでことことと煮込んだ料理。写真のように、外側や萼の先の固い部分を取り除いて作る場合がほとんどだが、風味を残すために先端を切り落とすだけで固い萼ごと煮て、食べる時に萼をはずす方法もある。焼いた仔羊の肉との相性が良い。

カルチョーフォ・アッラ・ジュディーア
Carciofo alla giudia　　　ユダヤ風アーティチョーク

◆ラツィオ州

上記のローマ風と並ぶ、代表的なローマの野菜料理。ユダヤ教徒が24時間の贖罪の断食の後、最初に食べる一品として作られたのが始まり。マンモラ種のアーティチョークの外側の萼と先端を切り落とし、油で二度揚げして内側までかりかりに仕上げる。味付けは塩のみ。ローマのゲットー（ユダヤ人居住区）にあるトラットリアでは定番料理の一つ。前菜として供されることも多い。

チコーリア・イン・パデッラ

Cicoria in padella　　　　　　　　　　　　　　　　　　　　　チコリのソテー

◆南部

チコーリアはイタリア各地で栽培される葉野菜で種類が多く、南部ではカタローニャとも呼ばれる緑色の大きな株状のものを指す。下茹でし、ニンニクとともにオリーブオイルで炒め、塩で調味する。酢やレモンを加えたものはチコーリア・イン・アグロと呼ぶ。

チーマ・ディ・ラーパ・サルタータ

Cima di rapa saltata　　　　　　　　　　　　　　　　　　　ナノハナの若菜のソテー

◆南部

チーマ・ディ・ラーパはアブラナ科の葉野菜で、若く柔らかい葉を茎ごと使ってニンニク、唐辛子とともにオリーブオイルで炒め蒸しにしたもの。チーマ・ディ・ラーパの花が咲きかけたものはフリアリエッリと呼び、ナポリではサルシッチャとあわせてピッツァの具に使われる。

インサラータ・ディ・プンタレッレ

Insalata di puntarelle　　　　　　　　　　　　　　　　　　プンタレッレのサラダ

◆ラツィオ州

チコーリアの一種で、カタローニャとも呼ばれる株状の葉野菜の根元に近い白い部分を使ったサラダ。カミソリで削ぐように切って水に浸けるとくるっと丸まる。アンチョビとレモン、オリーブオイルで作ったドレッシングで食べる。

ヴィニャローラ

Vignarola　　　　　　　　　　　　　　　　　　　　　　　豆と野菜の煮込み

◆ラツィオ州

そら豆とグリーンピース、アーティチョークなど春の野菜を煮込んだ料理。ローマ郊外の農家では、炙ってオリーブオイルをかけたパンを添えて農作業の合間の昼食としたという。あまり一般的ではないが、ローマの家庭料理の店で供される。

ファジョーリ・アッローリオ
Fagioli all'olio　　　白いんげん豆のオリーブオイルがけ

◆ トスカーナ州

そら豆、レンズ豆、ひよこ豆などは、古代ローマ時代から食べられてきたが、いんげん豆がイタリアに登場したのは16世紀、新大陸発見後にスペインからもたらされて以来。メディチ家出身の教皇クレメンテ7世がフィレンツェに贈り、トスカーナ州で広まった。くずれるほどに柔らかく茹でた粒の大きなカンネッリーニ種の白いんげん豆は、香り高いトスカーナのオリーブオイルとよく合う。

ファジョーリ・アッルッチェッレット
Fagioli all'uccelletto　　　白いんげん豆のトマト煮

◆ トスカーナ州

茹でた白いんげん豆をニンニクとオイルで炒め、トマトソースとセージで煮込んだ料理。19世紀末に料理書を記したペッレグリーノ・アルトゥージによると、野鳥（ウッチェッロ）を煮込む時と同じハーブを使うことからこの名がついたという。

レンティッキエ
Lenticchie　　　茹でレンズ豆

◆ 中部

地中海沿岸や小アジアなど温暖な気候のもとで古くから栽培されてきたレンズ豆は、主にイタリアの中部でよく食べられる。平たい形がお金（コイン）を連想させることから、大晦日に肉料理の付け合わせとして食べて来年の金運を祈る風習がある。

フンギ・トリフォラーティ

Funghi triforati　　　キノコのニンニク、イタリアンパセリ炒め煮

◆全国

秋、イタリアではさまざまな種類のキノコが出盛るが、なんといっても王様はポルチーニ茸。かさの大きなポルチーニ茸にニンニクを刺し、ネピテッラ（野生のミントの一種）とともにソテーしたものは立派なセコンドピアット。対してニンニク、イタリアンパセリで炒め煮にしたトリフォラーティは、コントルノの定番。ポルチーニ茸だけでなく、ほかのキノコをあわせて使うこともある。

インサラータ・ディ・オーヴォリ

Insalata di ovoli　　　タマゴ茸のサラダ

◆北部、中部

ポルチーニ茸と並び、味、香りともに優れているといわれるのがタマゴ茸。フリットやフリッタータ（オープンオムレツ）にすることもあるが、このキノコをもっとも美味しく食べる方法はサラダだといわれる。薄切りにしたタマゴ茸に薄く削ったパルミジャーノ・レッジャーノをたっぷり、胡椒少々、レモン、オリーブオイルをかける。華のある一皿ゆえに前菜としても人気がある。

メランザーネ・アッラ・パルミジャーナ

Melanzane alla parmigiana　　ナスとチーズの重ね焼き

◆ カンパーニア州、シチリア州

パルミジャーナ・ディ・メランザーネとも呼ぶが、実はパルマ発祥ではない。ナスを何層にも重ねるところが木の板を重ねた鎧戸（パルミチャーナ）を連想させることからついたといわれている。作り方は、耐熱皿にトマトソースを敷き、揚げたナス、モッツァレッラ（もしくはカチョカヴァッロ）、摺りおろしたパルミジャーノ・レッジャーノの順に繰り返し重ね、オーブンで焼く。

パターテ・アロスト

Patate arrosto　　ジャガイモのロースト

◆ 全国

イタリアでは年齢問わず、誰にでも好まれる付け合わせ。肉料理、特にビステッカ・アッラ・フィオレンティーナと相性が良いとされる。ジャガイモを一口大に切り、下茹でして、耐熱皿にニンニクとともに入れ、オリーブオイルをかけてオーブンで焼く。トスカーナ州ではローズマリーも加える。オーブンを使わずに鍋で蒸し焼きにする方法もある。いずれも焦げ目をつけるのがポイント。

ポレンタ

Polenta トウモロコシ粉の煮込み

◆ 北部

ポレンタとはそもそも穀物や豆の粉を水で練ったものを意味したが、18世紀にトウモロコシの栽培が広まり、北イタリアの農家では小麦の代わりにトウモロコシ粉を主食としたことから、ポレンタはトウモロコシ粉を使った練り生地を指すようになった。銅鍋に湯をわかして粉を加え、練りながら煮込むポレンタは熱いうちに食べるか、冷めたものを切り分けて焼いたり揚げたりする。

ガット・ディ・パターテ

Gattò di patate ジャガイモのグラタン風オーブン焼き

◆ カンパーニア州

ガットというのは、フランス語のガトーに由来する。サルデーニャ州では、アーモンド、砂糖、レモンの皮で風味づけした焼き菓子を指すが、カンパーニア州ナポリでは、潰したジャガイモをベースにモッツァレッラなどのチーズやナポリサラミと呼ばれるサラミを混ぜ込んで耐熱皿に詰めてオーブン焼きにしたもののこと。レストランではあまり見かけない、総菜店の定番料理である。

ヴェルドーレ・ソットーリオ

Verdure sott'olio 　　　　　　　　　　野菜のオイル漬け

◆ 全国

ソットーリオ（オイル漬け）は本来、食材を保存するための調理法。焼いたり茹でたりした野菜や塩漬けオリーブ、チーズやサラミなどを瓶に詰めてオリーブオイル、またはサラダ油を食材がかぶるまで注いで密閉しておき、必要なときに前菜や付け合わせとしてそのまま供する。写真のように焼いた野菜やドライトマトなどを数時間だけオリーブオイルに浸した即席漬けもある。

ランパショーネ・ソッタチェート

Lampascione sott'aceto 　　　　　　　　小タマネギの酢漬け

◆ プーリア州

フェザーヒアシンス（ムスカリの一種）の球根であるランパショーネは、野菜の栽培が盛んなプーリア州の名産品で、ほろ苦い味わいが特徴。酢漬けやオイル漬けにして保存食とする。酢漬けの作り方は、下茹での後一日塩漬けにしたものを、ワインビネガー、月桂樹、クローブ、粒胡椒、ニンニクなどをあわせて沸騰させたところへ加えて煮、冷めてから瓶に詰めて保存する。

イタリア料理一皿解説
ドルチェ Dolce

イタリア語で「菓子」はドルチェと総称する。レストランで食後に供されるものはドルチェもしくはデセール（デザート）と呼び、菓子店（パスティッチェリア）で売られている菓子はドルチェと呼ぶのが一般的。料理と同じく、ドルチェにも郷土色が強く表れ、また、宗教儀式や季節行事に結びついたドルチェも数多くある。さらに、ティラミスのような特定の店が作り出して後に全国的に広まったドルチェもある。いずれにしても、素朴でシンプルな姿形のものが多いのがイタリアのドルチェの特徴である。

ブネ

Bonet　　カカオとアマレットのプディング

◆ピエモンテ州

名前の由来は、ピエモンテ州の方言で特に男性が農作業時に被る帽子ブネとこの菓子を作るための型が似ていることから。また、料理人が被る帽子に似ていたという説や、食事の最後に食べることがすなわち装いの最後に帽子を被ることと同じだからという説もある。カカオと砕いたアマレットビスコッティの香りが際立つこのプディングは、寒さ厳しい冬に好まれるデザート菓子である。

パンナコッタ

Pannacotta　　生クリームのプディング

◆ピエモンテ州

1900年代の初め頃、ピエモンテ州ランゲ地方で生まれたとされる。生クリームを砂糖、バニラビーンズとともに煮、ゼラチンで固めるというシンプルな作り方ながら、生クリームそのものの美味しさが味わえることから全国に広まった。ゼラチンを使わず、泡立てた卵白を加えてオーブンで蒸し焼きにする方法もある。イチゴのソースやチョコレートソース、カラメル等を好みで添える。

ティラミス

Tiramisu　　　マスカルポーネとコーヒーのクリーム菓子

◆ヴェネト州

エスプレッソをしみ込ませたサヴォイアルディビスコッティ、もしくはスポンジと卵黄、砂糖、マスカルポーネを混ぜあわせたクリームが層になった菓子。第二次世界大戦後の復興期にヴェネト州トレヴィーゾの「ベッケリーエ」というレストランで誕生、"私を引き上げて"というネーミングの妙も手伝って広まり、イタリアはもちろん世界に知られるデザートとなった。

ザバイオーネ

Zabaione　　　卵黄とマルサラ酒のクリーム

◆ピエモンテ州

起源は諸説あるが、16世紀にピエモンテ州で初めて作られたというのが通説。室温に戻した卵黄に砂糖を加えて泡立て、マルサラ酒を加えてさらに泡立てたクリームで、サヴォイアルディビスコッティなど焼き菓子を浸しながら食べるのが伝統。

クレーム・カラメル

Creme caramel　　　カスタード・プディング

◆全国

イタリア発祥ではないが全国どこにでもあり、インスタントのプリンミックスも広く市販されている。トスカーナ州にはクレーム・カラメルによく似た、卵に牛乳、スパイスを加えて型に流し込んで焼くLattaiolo（ラッタイオーロ）という菓子がある。

ジェラート／グラニータ

Gelato/Granita

アイスクリーム／シャーベット

◆全国

ジェラートの前身であるソルベットが初めてイタリアに登場したのは、9世紀以降のシチリア州で、同地にやってきたアラブ人が氷に蜂蜜や果物を混ぜたものを作った。ジェラート自体は16世紀半ばに、トスカーナ大公に仕えた建築家で技師のベルナルド・ブオンタレンティがいわゆるアイスクリーマーの原型を発明し、卵、牛乳、砂糖を混ぜあわせたクリーム氷菓を作ったのが始まりとされる。その後、18世紀にシチリア州出身のフランチェスコ・プロコーピオがパリで開業したカフェでジェラートを出したことから、一般に広まった。ジェラートは、牛乳やクリームをベースに砂糖を加え、空気を含ませながら冷やしたもので、なめらかさが特徴。乳製品を使わずに果物やコーヒーのような液体をベースにしたものはソルベットと呼ぶのが正しいが、これらも一般にジェラートと称される。グラニータはソルベットに似ているが、氷の粒がより大きく水分量も多い。レモン、アーモンド、ピスタチオ、コーヒーなどがよく用いられる。

ズッコット

Zuccotto　　　　　　　　　　クリームとスポンジの冷菓

◆ トスカーナ州

名前の由来は、歩兵隊の被る兜ズッコット、あるいは、高位聖職者が被る頭巾ズッケットだといわれる。考案者は16世紀の建築家ベルナルド・ブオンタレンティで、牛乳と蜂蜜、卵黄を混ぜあわせて冷やし固めた。今は、生クリームとカスタードクリームにドライフルーツやチョコレートチップを加え混ぜ、ドーム型にスポンジを敷き詰めたところへ流し込んで冷やし固めたものを指す。

ズッパ・イングレーゼ

Zuppa inglese　　　　　　カスタードクリームとスポンジのケーキ

◆ トスカーナ州、エミリア・ロマーニャ州

アルケルメス（リキュールの一種。鮮やかな赤色が特徴）を含ませたスポンジとカスタードクリームを重ねたケーキ。トスカーナ州とエミリア・ロマーニャ州に広く伝わるこの菓子の由来は諸説あり、シエナに生まれフィレンツェで洗練されて"公爵のズッパ"と呼ばれるようになったという説や、エステ家がイギリスに派遣した大使が当地で食べたトライフルを再現させたという説がある。

アマレッティ

Amaretti　　　　　　　　ビターアーモンド入りビスコッティ

◆全国

中世の頃アラブからシチリア州へもたらされ、その後全国へ広まったと考えられているビスコッティ。アーモンドとビターアーモンド、砂糖、卵白、蜂蜜が主原料だが、杏仁を加えることもある。現代では、ミラノ郊外サロンノ製（カリカリとした食感）とリグーリア州サッセッロ製（ソフトな食感）の2種類が一般に流通しているほか、各地の菓子店が独自のレシピに基づいて作っている。

バチ・ディ・ダーマ

Baci di dama　　　　　　　ヘーゼルナッツビスコッティのクリームサンド

◆ピエモンテ州

ヘーゼルナッツ、小麦粉、砂糖、バターすべて同量ずつを混ぜた生地を丸く絞り出して焼き、二つ一組にして間にチョコレートクリームを挟んだもの。"貴婦人のキス"という名で、1852年にサルデーニャ王国の領主サヴォイア家の宮廷料理人が作り出した。

テーゴレ

Tegole　　　　　　　　　　ヘーゼルナッツの薄焼きビスコッティ

◆ヴァッレ・ダオスタ州

1900年代前半、ヴァッレ・ダオスタ州のある菓子店がフランスのチュイルを模して作ったのが始まり。材料はアーモンド、ヘーゼルナッツ、バター、卵白、砂糖、小麦粉。テーゴレとは瓦のことで、当地では屋根に薄い丸形の瓦を使うことから名付けられた。

バイコリ

Baicoli 　　　　　　　　　　　　　　　　　　　　薄焼きビスコッティ

◆ヴェネト州

1700年代にヴェネツィアのカフェで作り出されたのが始まりといわれ、かさばらず日持ちがすることから船旅にも重宝されたという。小麦粉、バター、砂糖、酵母が主材料。ちなみにバイコリとは、ヴェネツィアの方言で小型のスズキやボラのこと。

ブッソライ・ブラネイ

Bussolai buranei 　　　　　　　　　　　　　　　リング形の卵ビスコッティ

◆ヴェネト州

ヴェネツィアで食後にしばしば登場する卵入りビスコッティ。ブラーノ島が発祥とされるが、その他の北東イタリアでも同様のビスコッティがある。S字形はEssi（エッシ）と呼び、トウモロコシ粉とレーズンを加えたものはZaleti（ザレーティ）と呼ぶ。

カネストレッリ

Canestrelli 　　　　　　　　　　　　　　　　　リング形のバタービスコッティ

◆リグーリア州、ピエモンテ州

小麦粉、バター、砂糖、卵で作る、ほろほろとした食感のビスコッティ。リグーリア州とピエモンテ州南部の伝統菓子。ピエモンテ州には同じ名前でウエハースタイプの菓子もあり、表面の編み目模様が籠（カネストロ）を思わせることからその名がついた。

オッフェッレ

Offelle 　　　　　　　　　　　　　　　　　　薄焼きのバタービスコッティ

◆ロンバルディア州

19世紀末、ロンバルディア州南西の小さな町パローナで二人の姉妹が町の守護聖人の祝祭のために作り出したビスコッティ。フォカッチャを意味するラテン語のoffaが名前の由来。材料は小麦粉、バター、砂糖、卵、オリーブオイル、酵母。

カントゥッチ

Cantucci

アーモンドと卵のビスコッティ

◆トスカーナ州

別名ビスコッティ・ディ・プラート（トスカーナ州の街の名、プラートのビスコッティ）とも呼ばれる。カントゥッチとはそもそもパンやチーズの切り端を意味する。卵と砂糖を混ぜたところへ小麦粉と香料（レモンの皮やバニラ）、アーモンドを粒ごと混ぜ込んで、棒状に形作って焼き、一口大に切り分けてさらに焼いたもの。甘いワイン、ヴィンサントと一緒に食べるのが伝統。

クルミーリ

Krumiri

くの字形のビスコッティ

◆ピエモンテ州

1870年にピエモンテ州カザーレ・モンフェラートの「カフェ・デッラ・コンコルディア」で作られたのが始まり。名前の由来は定かではなく、同名のリキュールに浸して食べたという説がある。材料はバター、卵、砂糖、小麦粉で、300度の高温で短時間焼く。

リッチャレッリ

Ricciarelli

アーモンドのソフト・ビスコッティ

◆トスカーナ州

トスカーナ州シエナの名産品。15世紀、リッチャルデット・デッラ・ゲラルデスカという人物が東洋から持ち帰った菓子が原型といわれる。アーモンドの粉末、卵白、蜂蜜、砂糖、酵母、香料が主材料。裏側に小麦粉で作った極薄い生地が張り付いている。

チャンベッレ・アル・ヴィーノ

Ciambelle al vino　　　　ワイン入りリング形ビスコッティ

◆ ラツィオ州

ローマのトラットリアで、食後のデザートワインとともにしばしば登場するのがチャンベッレ。チャンベッリーネとも呼ぶ。小麦粉、オリーブオイル、砂糖、白ワインが主原料で、ここに酵母が加わったり、白ワインの代わりに赤ワインを使うこともある。さらにバリエーションで写真のようなチョコレートチップを加えることも。ラツィオ州では各地にオリジナルのご当地チャンベッレがある。

モスタッチョーリ

Mostaccioli　　　　ヴィンコット入りビスコッティ

◆ 全国

紀元前1世紀に古代ローマの政治家であった大カトーがこの名に言及しているように非常に歴史が古い。イタリア各地に伝統のモスタッチョーリが存在し、名前も少しずつ異なる。写真はカラブリアのもので、小麦粉、水、蜂蜜、ヴィンコット（ブドウの汁を煮詰めたもの）が原料。

ンパナティッギ

'Mpanatigghi　　　　肉とチョコレートのペーストを詰めたビスコッティ

◆ シチリア州

仔牛肉を炒めて冷ましたところへ砂糖、アーモンド、ブラックチョコレート、卵白、シナモン、クローブなどを混ぜたペーストを生地で包んで焼いたもの。18世紀のシチリア語の辞書に「ンパナティッギア」という言葉は、スペイン語のエンパナーダに由来するとある。

パネットーネ

Panettone　　　クリスマスのドライフルーツ入り発酵菓子

◆ロンバルディア州

中世の頃ミラノに生まれたクリスマスの菓子。日常のパン生地にフルーツや木の実、スパイスを加えてリッチに仕上げ、一年で最も重要な祝祭の食卓を飾った。現代では小麦粉、天然酵母、卵、バター、砂糖、スルタナレーズン、砂糖漬けの各種フルーツが主原料。特に、レーズンはお金を、オレンジは愛と豊穣を、シトロンは不死を表すとされ、幸運を願う贈り物と考えられている。

パンドーロ

Pandoro　　　クリスマスのバター入り発酵菓子

◆ヴェネト州

ヴェネト州ヴェローナで古くからクリスマス菓子として作られてきた「ナダリン」をもとに、19世紀半ばにバターをたっぷり使ってよりリッチで柔らかく、同じ星形でも背高に仕上げたのがパンドーロ。見た目はシンプルだが、焼成までに3度の発酵を経ている。食べる時に粉砂糖をたっぷりかける。

コロンバ・パスクアーレ

Colomba pasquale　　　復活祭のドライフルーツ入り発酵菓子

◆全国

17世紀のロンバルディア州で平和のシンボルとして作られたという伝説があるが、実際には20世紀初頭に製菓会社が復活祭の菓子として販売した。パネットーネと生地はほぼ同じだが、フルーツはオレンジもしくはシトロンの砂糖漬けのみが基本。表面にアーモンドや砂糖をあしらうことも多い。

キアッキエレ

Chiacchiere　　　　　　　　　　　　　　　　　　　謝肉祭の揚げ菓子

◆ 全国

古代ローマ時代より、カーニバル（謝肉祭）では揚げ菓子がふるまわれてきた。その伝統を汲んでいるのがキアッキエレ（フラッペ、ブジエ、チェンチなど各地で名前が異なる）。小麦粉、卵、砂糖、リキュールまたはグラッパなどで生地を作り、薄くのばして切り分け、油で揚げて粉砂糖をふりかける。

スキャッチャータ・アッラ・フィオレンティーナ

Schiacciata alla fiorentina　　　　　　　　　　　　謝肉祭の発酵菓子

◆ トスカーナ州

トスカーナ州では謝肉祭の最後の木曜日（ベルリンガッチョ）の食卓に欠かせない菓子。小麦粉、水、酵母で作った生地に卵、ラード、オレンジの皮と絞り汁を加えて発酵させて焼く。表面に粉砂糖をふり、ココアでフィレンツェの紋章（百合）を描く。写真のように間にクリームを挟むこともある。

スキャッチャータ・コン・ルーヴァ

Schiacciata con l'uva　　　　　　　　　　　　　　収穫期のブドウ入り発酵菓子

◆ トスカーナ州

ブドウの収穫の季節になると、フィレンツェやその近郊のパン屋の店先に並ぶ。小麦粉、オリーブオイル、酵母、水で作った生地を発酵させ、ブドウ（サン・ジョヴェーゼ種を使うのが伝統）と砂糖を加えて焼いたもの。菓子というよりはパンに近い。

パン・デイ・モルティ

Pan dei morti　　　　　　　　　　　　　　　　死者の日のドライフルーツ入り菓子

◆ ロンバルディア州

11月2日の死者の日に捧げる菓子。小麦粉、砕いたビスコッティ、アーモンド、砂糖、酵母、ドライフルーツ、シナモン、白ワインなどを混ぜた生地を平らな楕円形にして焼く。ミラノの菓子店では、その前の1週間に作ったさまざまな菓子の残りを使うのが習わし。

ババ

Babà　　シロップ漬けの発酵菓子

◆カンパーニア州

18世紀前半にポーランドからフランスへ逃れた王スタニスラフ１世の宮廷料理人が作り出し、その後ナポリに伝わった。王の好きな『千夜一夜物語』にちなんでババと名付けられた。

カンノーリ

Cannoli　リコッタクリームを詰めた揚げ菓子

◆シチリア州

小麦粉、油、卵、砂糖、赤ワインで作った生地を薄くのばし、専用の筒に巻き付けて揚げたところへ、リコッタと砂糖、チョコレートを混ぜたクリームを詰めたもの。

カッサータ

リコッタクリームを詰めたスポンジとマジパンのケーキ
Cassata

◆シチリア州

型に色づけしたマジパンをはりつけ、チョコレートチップを混ぜたリコッタクリームを流し込み、スポンジで蓋をして冷やし固めたケーキ。表面に砂糖漬けフルーツを飾る。

マリトッツォ

　　　ホイップクリームを詰めた発酵菓子
Maritozzo

◆ラツィオ州

ローマの伝統菓子で、菓子店のほかバールでもよく見かける。ふんわりとしたやや甘いパンで、切り込みを入れてホイップクリームをたっぷり挟んで食べる。

カスタニャッチョ

Castagnaccio　　栗の粉の焼き菓子

◆トスカーナ州

栗の粉、水、オリーブオイルで作った生地に松の実、レーズン、ローズマリー、オレンジの皮などをちらして焼いたもの。栗の粉の自然な甘みを味わう。農家に伝わる秋の菓子。

ネッチ

Necci　　栗の粉のクレープ

◆トスカーナ州

栗の粉、水、塩を混ぜあわせた生地を熱した専用の鉄板（あるいは陶板）に丸く流して両面をこんがり焼く。そのまま、あるいはリコッタをのせて筒状に丸めて食べる。

パンフォルテ

　　　ドライフルーツとスパイスを練り込んだ菓子
Panforte

◆トスカーナ州

ドライフルーツ、胡椒やスパイスを練った菓子「パンペパート」に、煮た果物を加え、やや発酵して微かに酸味を伴うように仕立てたのがパンフォルテ。シエナの伝統菓子。

ボンボローネ

　　　クリーム等を詰めた発酵揚げ菓子
Bombolone

◆全国

柔らかな発酵生地を丸く形作り、揚げて砂糖をまぶし、クリームやジャムを詰めたもの。オーストリアの菓子クラップフェンが原型といわれる。バールでの朝食に人気。

フリッテッレ

Frittelle　　　　　　　　一口大の揚げ菓子

◆全国

本来は謝肉祭の時期に食べられる一口大の揚げ菓子。煮た米やリンゴを生地に混ぜることもある。トスカーナ州では秋に栗の粉を使ったフリッテッレもよく食べられる。

ストゥルッフォリ

Struffoli　　　　　　飴がけの小粒の揚げ菓子

◆カンパーニア州

小麦粉、卵、牛乳、油脂、香料等で作った生地を小さな玉状にして揚げ、蜂蜜をまぶし、製菓用カラースプレーをふりかける。ギリシャ由来という説がある。

スフォリアテッラ・フロッラ

ビスケット生地にセモリナ粉クリームを詰めた菓子
Sfogliatella frolla

◆カンパーニア州

煮たセモリナ粉にリコッタ、卵、砂糖、刻んだ砂糖漬けフルーツ、香料を混ぜたクリームを、小麦粉、砂糖、バター、卵で作った生地に包んで焼いたもの。

トローネ

Torrone　　　　卵白と蜂蜜、木の実のヌガー

◆全国

卵白と蜂蜜をよく練りあわせ、アーモンド、レモンの皮の擦りおろしを加えて固めたもの。食感は、軽くてもろいタイプからやや固め、ソフトなタイプなどさまざま。ヘーゼルナッツやドライフルーツを使うこともある。

スフォリアテッラ・リッチャ

折り生地にセモリナ粉クリームを詰めた菓子
Sfogliatella riccia

◆カンパーニア州

スフォリアテッラ・フロッラの原型。小麦粉、水、塩、ラードで作った生地を紙のように薄くのばしてロール状にして切り分け、貝のような形に広げ、クリームを詰めて焼く。

セアダス

Seadas　　　　　　　　チーズ入りの揚げパイ

◆サルデーニャ州

フレッシュなペコリーノチーズをレモンの皮の擦りおろしとともに煮溶かし、冷ました後にセモリナ粉、水、ラードで作ったパイ生地で包んで揚げる。蜂蜜をかけて食べる。

グエッフス

　　　　　アーモンドとサンブーカの練り菓子
Gueffus

◆サルデーニャ州

砂糖、アーモンドの粉末、卵白、レモンの皮の擦りおろし、サンブーカ（リキュールの一種）を混ぜあわせて煮、小さく丸めて色紙に包む。サンブーカの代わりにグラッパを使うこともある。

トルタ・マントヴァーナ

　　　　　　　マントヴァの伝統的なケーキ
Torta mantovana

◆ロンバルディア州

小麦粉、砂糖、溶かしバター、卵を混ぜた生地を型に流し、表面に粉砂糖、松の実、細切りにしたアーモンドを散らして焼く。トスカーナ州のプラートにも伝わり、銘菓となっている。

クロスタータ

Crostata　　　　　　　　　　　ジャムやクリームを詰めたタルト

◆全国

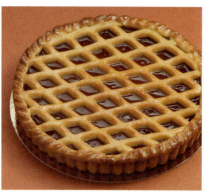

小麦粉と卵、バターで作った生地をタルト型に敷き、ジャムやクリームを詰めて焼いたもの。表面にタルト生地でリボン状の編み目模様をほどこす場合が多い。土地によってさまざまなバリエーションがあり、ローマでは野生のサクランボのシロップ煮とリコッタ、シチリアでは柑橘のジャムを多用するなどの特徴が見られ、そのほか米や麦、木の実、砂糖漬けフルーツをフィリングにすることもある。

チーズケーキ

Cheese cake　　　　　　　　　　　　　　　　　　　　チーズケーキ

◆全国

フレッシュなクリームチーズ、砂糖、卵、レモンの皮の摺りおろしなどを冷やし固めたレアチーズケーキを指すのが一般的だが、ベイクドチーズケーキの場合もある。菓子店のほか、レストランのデザートとしてメニューに載ることも多い。

ミッレフォッリエ

Millefoglie　　　　　　　　　　　　　　　　　　　　　ミルフィーユ

◆全国

フランスから伝わった後、イタリア全国の菓子店で広く作られるようになった。挟むクリームはカスタードクリームのほか、ホイップクリームやザバイオーネ、マスカルポーネクリームなどさまざま。イチゴやベリー類を添えることもある。

トルタ・カプレーゼ

Torta caprese　　　　　　　　　　　　　アーモンド入りチョコレートケーキ

◆カンパーニア州

20世紀初め、カプリの菓子店の職人がうっかり小麦粉を入れ忘れたことから誕生したといわれる。卵とアーモンド、チョコレート、砕いたビスコッティで生地を作り、型に流してオーブンで焼く。仕上げに粉砂糖とシナモンをふる場合もある。

パスティエラ

Pastiera　　　　　　　　　　　　　麦とリコッタクリームを詰めたタルト

◆カンパーニア州

古代ローマ時代、春を祝うために作られた菓子が原型といわれる。麦を牛乳、レモンの皮、砂糖、シナモンとともに煮て冷まし、リコッタ、卵黄、砂糖、オレンジ花水、砂糖漬けシトロン等で作ったクリームとあわせ、タルト生地の上に流し、オーブンで焼く。

トルタ・アル・チョコラート

Torta al cioccolato　　　　　　　　　　　　　チョコレートケーキ

◆全国

生タイプ、ベイクドタイプ、さまざまなチョコレートケーキが全国各地で作られている。16世紀にヨーロッパにもたらされたチョコレートは、18世紀にはヴェネツィアのカフェで甘い飲み物として人気を博し、以来、イタリア人の暮らしに浸透している。

ストゥルーデル

Strudel　　　　　　　　　　　　　ストゥルーデル

◆北部

オスマントルコからハンガリーに伝わり、その後オーストリアで洗練された薄いパイ生地でリンゴやレーズンを包んで焼いた菓子。イタリアにはオーストリア統治時代の19世紀に伝わった。リンゴの代わりに煮たサクランボを使うバージョンもある。

ビスコッティ・ディ・マンドルラ

Biscotti di mandorla　　アーモンドのビスコッティ

◆シチリア州

ギリシャ人によってイタリアにもたらされたアーモンドは、特にシチリア州で広く根付き、菓子を作る時には小麦粉の代わりに用いられるほど重要な素材となった。ビスコッティの基本的な材料はアーモンドの粉末、粉砂糖、卵白、蜂蜜で、そこに木の実や柑橘の皮、スパイスなどを加える。各種盛りあわせる時には、小麦粉を使った生地でアーモンドやその他の詰め物を包んだビスコッティを交ぜることが多い。

クラシックなアーモンドのみのビスコッティ	小麦粉生地とアーモンド生地をねじったもの	アーモンドの代わりにピスタチオを使ったもの

アーモンド生地にスライスアーモンドをまぶして	ドライフルーツとアーモンドを小麦粉生地で包んで	アーモンド生地にココアパウダーをプラス	アーモンド生地にオレンジの絞り汁をプラス	ラードを加えた小麦粉生地にごまをまぶして

アーモンドとチョコレートを詰めた「カッサテッラ」	アーモンド生地にマンダリンオレンジの皮をプラス	アーモンドビスコッティの形のバリエーション「クローチェ」	アーモンドビスコッティの形のバリエーション「エッセ」	ビターアーモンドと皮付きアーモンドを使った「アマレット」

シトロンジャムを小麦粉生地で包んだもの	アーモンド生地にコーヒーを加えた「モレスコ」	ピスタチオ生地にオレンジの皮をプラス	アーモンド生地にオレンジの皮をプラス、粉砂糖をふる	アーモンド生地に松の実をまぶした「ピノラート」

小麦粉生地でレモン風味のアーモンドペーストを包んで	干しイチジクと木の実を小麦粉生地で包んだ「プチェッラート」	アーモンド生地の両端をつまんでねじった「カタネーゼ」	アーモンド生地を小さなキノコ形にした「フンゲット」	アーモンド生地を絞り出して粒アーモンドをトッピング

木の実やドライフルーツを小麦粉生地で包み、アイシングで覆う	中身をドライフルーツにした「カッサテッラ」のバリエーション	ピスタチオ生地にピスタチオをまぶした「ズメラルド」	アーモンド生地に粉砂糖をまぶし、粒アーモンドをトッピング	アーモンド生地にアニスシートの砂糖がけをまぶしたもの

フルッタ・マルトラーナ

Frutta martorana

マルトラーナ修道院のマジパン細工

◆シチリア州

中世の頃、身分の高い女性が女子修道院に入ることは少なくなかった。キリスト教のさまざまな儀式典礼の折に菓子を作ることも彼女たちの務めの一つだった。富裕な実家からの援助を受け、修道院では高価な素材を使った手の込んだ菓子も作り出されてきた。12世紀末、シチリア州パレルモに建立された女子修道院、マルトラーナでは、11月1日の諸聖人の日の祝いに訪れる王や貴族に、冬枯れで手に入らない花や果物の代わりにアーモンドペーストで作った果物を献上したという。アーモンドの粉末に熱したシロップを加え、加熱しながら練り上げるこのペーストは、パスタ・レアーレ（王に献じるペースト）と呼ばれる。パレルモをはじめ、シチリア州の各地の菓子店では必ずといっていいほど、パスタ・レアーレで作ったフルッタ・マルトラーナが売られている。香り高く日持ちのするこの菓子は、シチリア焼きの陶製の器やシチリア州の古戦を色鮮やかに描いた木箱などに詰めて贈り物としても使われる。アーモンドペーストは、イタリアでは一般的にマルザパーネと呼ばれる。この名前は"砂糖とスパイスで煮詰めたもの"を指すアラブ語「マルタバン」に由来するといわれ、アーモンドを使ったキプロス島の伝統菓子の名前でもあった。キプロス島を交易の拠点の一つとしていたヴェネツィアにもマルザパーネが伝わり、フルッタ・マルトラーナと同じような細工菓子が古くから発達した。

ペーレ・コッテ・ネル・ヴィーノ

Pere cotte nel vino

洋梨のワイン煮

◆ 全国

伝統的な料理店でしばしば見かけるクラシックなデザート。洋梨を丸ごと鍋に並べ、砂糖、シナモンやクローブなどのスパイスを加え、赤ワインをたっぷり注いでことことと煮込む。かつてはクリスマスのご馳走に必ず添えられるものだった。イタリアは全国で洋梨を栽培しており、品種も多く、夏から秋、冬にかけてさまざまな品種が旬を迎える。柑橘の次になじみ深い果物だ。

マチェドニア

Macedonia

シロップ漬けの果物

◆ 全国

切った果物に砂糖、レモン汁、リキュールなどをかけて馴染ませたもの。フランス語のマセドワーヌ（果物や野菜を細かく切ること、また、それらを混ぜあわせたもの）と違い、マチェドニアは果物やドライフルーツ、木の実を使ったデザートとして供されるものを指す。

セミフレッド

Semifreddo

アイスケーキ

◆ 全国

セミとは、「半」や「準」を意味するラテン語。砂糖を加えたホイップクリームとメレンゲにチョコレートやコーヒー、木の実、果物などのソースを混ぜて冷やし固めたもの。ジェラートとは異なりテクスチャーは密だがまろやかで、さほど冷たさを感じないのが特徴。

第2部
イタリア料理の素材、特徴、基礎知識 Conoscenze principali

イタリア料理の特徴は何より素材ありき、といわれている。緯度的には日本よりも北に位置し、ローマと函館はほぼ同じ緯度だが地中海性気候により一年を通じて気候は温暖、四季もあり野菜や果物など季節の食材に恵まれていることはイタリア料理の大きなアドバンテージになっている。さらにオリーブやブドウ、小麦といったイタリア料理に欠かせない食材の生産量も世界有数。南イタリアを中心とした海岸部では豊かな海の幸にも恵まれている。

Prodotti rari

珍味、希少食材

タルトゥーフォ

Tartufo

トリュフ

世界三大珍味としても知られるトリュフは世界に約30種類あるといわれるが、イタリアには25種類が存在。法律によりうち9種類の流通が許可されており、大別すると白トリュフと黒トリュフに分類される。プリニウスの『博物誌』(1世紀)にも登場しているように古代ローマ時代からすでに食用とされていたが当時は媚薬であり、雷がトリュフを作ると信じられていた。黒トリュフはトスカーナ州とウンブリア州、白トリュフはピエモンテ州など北中部イタリアに存在する。価格は市場によって毎年変動するが、2010年ローマで行われたオークションでは900gのトスカーナ州産白トリュフに33万ドル(約3700万円)の値がつけられたこともあるが、これは例外中の例外。

ボッタルガ

Bottarga

カラスミ

イタリアでは主にサルデーニャ州とトスカーナ州でボラの卵のカラスミが、シチリア州でマグロの卵のカラスミが作られている。魚卵に塩をし、乾燥させるという製造法は北アフリカのフェニキア人が伝えたとされ、語源はアラブ語で「塩漬けの魚卵」を意味する「バターリック」。サルデーニャ州ではいまもアラブの影響で「ブターリガ」と呼ぶこともある。前菜やパスタ、ブルスケッタと相性がいい。

ポルチーニ、オーヴォリ

Porcini, Ovoli

ポルチーニ茸、タマゴ茸

イタリアのキノコでもっとも珍重されるのがポルチーニ茸とオーヴォリ。地域や種類にもよるが主に晩夏から晩秋にかけてが旬。前者はパスタ、コントルノ、フリット、また肉との相性も良く万能選手として秋の食卓を賑わす。また乾燥ポルチーニ茸もおみやげとしてよく売られているが、イタリアのレストランで使うことはまずない。一方オーヴォリは収量も時季もポルチーニ茸に比べかなり限定されるので希少性は高い。生のまま薄くスライスして食べると美味。

左：ポルチーニ　右上：オーヴォリ

保存食品

バッカラ
Baccalà

塩蔵鱈

イタリア全土で食べられているノルウェー産の塩蔵鱈で、ノルマン人がイタリアに侵攻した際に保存食兼交易品として持って来たのが始まり。48時間流水で塩抜きしてから使う。

ストッカフィッソ
Stoccafisso

干鱈

塩を使わず寒風で乾燥させた干鱈。語源はドイツ語で「魚の棒」を意味する「ストックフィッシュ」。すりこぎで叩いた後、5～6日水に浸して戻す。よくバッカラと混同される。

アッチューゲ
Acciughe

アンチョビ (ヒシコイワシの塩漬け)

イワシを塩漬けにして保存食とするのは古代ローマ時代から行われていた。その汁も魚醬に似た調味料「ガルム」(現在はコラトゥーラ)として古代の美食家たちを喜ばせた。

カッペリ
Capperi

ケイパー

ケイパー (フウチョウソウ) の蕾を塩漬けにした調味料で、ほのかな苦みが特徴。水でしばらく戻してから使う。中南部イタリアに自生するがシチリア州サリーナ島産などが名高い。

エストラット・ディ・ポモドーロ
Estratto di pomodoro

トマト・ペースト

加熱したトマトソースを板に広げて夏の天日に干し、水分を飛ばした調味料。煮込みやトマトソースを作る際に濃厚なコクを出す。手作りのシチリア州産が最上とされる。

ポモドーリ・セッキ
Pomodori secchi

ドライ・トマト

トマトやミニトマトを縦に半割にし、天日またはオーブンで乾燥させた保存食。オイル漬けにすれば酸化を防ぐことができる。細かく刻んでソースに和えたりと、キッチンの万能選手。

ポルチーニ・セッキ
Porcini secchi

乾燥ポルチーニ

ポルチーニ茸をスライスして乾燥させたもの。市場などでは量り売りのものをみかけるが、形がきれいで大きいものほど値段は高い。戻し汁ごとリゾットやパスタ、スープに使う。

モスタルダ
Mostarda

モスタルダ

クレモナ特産、果物をシロップとマスタードに漬けた保存食。17世紀から存在し、クリスマスに食べていた。ボッリート (茹で肉) などの付け合わせにして食べる。

[Pomodori]

トマト各種

ポモドーロ・グラッポロ

Pomodoro grappolo

直径約7〜8センチの球形。房(グラッポロ)のまま、あるいはばらでも販売されている全国的に最も一般的なトマト。つやがあり色は赤、加熱してもサラダでもよい万能タイプ。

サン・マルツァーノ

San Marzano

直径4〜5センチ、長さ10〜12センチと細長い。トマトの水煮缶に多く使われ、ソースには最適な品種。その名は原産地のサン・マルツァーノ・スル・サルノ(サレルノ)から。DOP食品。

カモーニ

Camoni

直径約4〜5センチ、サルデーニャ州産が多い。実がしまったきれいな球形で皮が厚く、緑色、フレッシュな酸味で歯切れも良い。害虫に強いことから80年代以降多く栽培されている。

チリエジーニ

Cigliegini

直径2〜3センチの球形。南イタリアを中心に全国的に栽培されている。甘酸っぱい味わいで一年中手に入るので生食用として人気が高い。チェリー、ペペ、キパーノなどの品種がある。

クオレ・ディ・ブエ

Cuore di bue

直径10〜12センチの洋梨型。「牛の心臓」という名前のトマトで、種がほとんどなく食感は柿に似ていると表現される。味も香りもよく、その強い味から時には辛みを覚えることも。

ピエンノロ／ヴェスヴィアーノ

Piennolo/Vesuviano

直径3〜4センチの小型のトマトで、ナポリ近郊のヴェスヴィオ山麓が本場。収穫した後に糖度を高めるため吊るして保存するためピエンノロ(ペンドロ＝振り子)と呼ばれる。

ダッテリーニ

Datterini

直径2〜3センチ、長さ3〜4センチの楕円形。ナツメ(ダッテロ)に似た形なのでこう呼ばれる。皮が薄く種は少ない。糖度が非常に高いので生食用のミニトマトとして人気。

コストルート

Costoluto

直径8〜10センチで平べったい。トスカーナ州原産でフィオレンティーノとも呼ばれる。露地で栽培され生食にも加熱にも適している。皮が薄くボッリートに味出しに入れる。

野菜

Verdure

カルチョーフィ

Carciofi

アーティチョーク

チョウセンアザミ。若い苞の萼部分をむき、中央の可食部分のみを食べる。古代ローマ時代から食べられていたが本格的に栽培が始まったのは15世紀のナポリ近郊。1533年にカテリーナ・デ・メディチがフランス王家に嫁いだ際フランスに伝えた。

プンタレッレ

Puntarelle

アスパラガス・チコリ

チコーリアともいうが、ローマではプンタレッレと呼ばれ、アンチョビ、レモン、ニンニク、オイルで作るドレッシングで和えて、肉料理の付け合わせとして食べるのが定番。加熱するとほろ苦さの中に甘みも感じられる。秋から春にかけてが旬の野菜。

ラディッキオ

Radicchio

ラディッキオ

さまざまな品種があるが、写真はラディッキオ・ロッソ・ディ・トレヴィーゾと呼ばれるヴェネト州トレヴィーゾの名産で細長いタイプ。栽培が始まったのは15世紀にまで遡り、生でも加熱してもよく、高価。他に球形のIGP食品ラディッキオ・ディ・キオッジャなどがある。

フィノッキオ

Finocchio

フェンネル

葉の部分はハーブとしてローマ時代から使われていたが地下茎の部分を可食用として栽培するのは16世紀に始まった。独特の甘みとアニスに似た清涼感がある。南イタリアでは野生の品種が見られ、高さ2メートルにまで生長する。

アスパラジ・ビアンキ

| Asparagi bianchi |

白アスパラガス

イタリアでは紀元前2世紀からすでに栽培されていたアスパラガスだが、白アスパラガスが食用となったのは16世紀のパドヴァ近郊バッサーノ・デル・グラッパで地上部分が雹でダメージをうけたため、やむをえず地下の白い部分を食べたのが始まりとされる。

ビエトラ

| Bietola |

フダンソウ

地中海沿岸地域に自生する葉野菜で、多くの種類がある。ほろ苦さが特徴だが、熱すると甘みが出て独特の歯ごたえとなり、付け合わせやミネストラなどに使われる。ビタミンや繊維質、鉄分が豊富で秋から春にかけて糖度が増して美味しくなる野菜。

チポッラ・ディ・トロペア

| Cipolla di tropea |

トロペア産タマネギ

カラブリア州トロペア特産のタマネギで、2000年前からこの地で栽培されている。糖度が高く辛みが少ないので、生食も可能。加熱すると非常に甘くなり、カロリーが低いのでダイエットにも珍重されている。ジャムなどにも加工されている。

カルド

| Cardo |

カルド

アーティチョークに似たとげの多い植物で生長すると2メートルを超えることも。可食部は茎のみで加熱するとゴボウに似た野趣あふれる味になり、チーズと相性が良い。昔から薬草としても使われており、現在はチナールなどのリキュールにも使用されている。

豆、米、穀物

ファジョーリ・カンネッリーニ
Fagioli cannellini

白いんげん豆

南米原産でイタリアには16世紀に伝わった。クチーナ・ポーヴェラに欠かせない食材で、トスカーナ州ではシンプルに茹でただけ、あるいはミネストラなど様々な料理に使われる。

ファジョーリ・ボルロッティ
Fagioli borlotti

うずら豆

赤い斑が入った豆で、日本の大豆同様に畑の肉と呼ばれているほど栄養価が高い。甘みが強いのでパスタとあわせパスタ・エ・ファジョーリにするのが定番の美味しい食べ方。

チェーチ
Ceci

ひよこ豆

エジプト豆とも。栽培の歴史は古く古代エジプト、古代ギリシャではすでに食用とされていた。バッカラ(塩蔵鱈)との相性が良く、ペーストは揚げたり焼いたりして食べる。

チェーチ・ネーリ
Ceci neri

黒ひよこ豆

プーリア州はじめ南イタリアで栽培されている。2晩水に浸けてから茹でる。とても滑らかな舌触りなのでペースト状にすることが多い。低カロリーなのでダイエットにも良い。

レンティッキエ
Lenticchie

レンズ豆

レンズ豆の栽培は非常に古く、1万5000年前の洞窟壁画にもすでに描かれていた。小粒の豆で硬貨に似ていることから縁起物としてクリスマスや新年に食べることが多い。

オルツォ
Orzo

大麦

9000年前から栽培されており粒のままミネストラやインサラータにすることが多い。またカフェインレスなので粉を煎じて飲むとカフェインレス・コーヒーの代わりとなる。

ファーロ
Farro

スペルト小麦

1万2000年前にはすでに食用とされており、人類が製粉を始める前は粒食としてミネストラなどで食べられていた。これはパスタの原型ともいわれ、現代も食べられている。

グラーノ・アンティーコ
Grano antico

古代小麦

近年イタリアでは小麦の品種改良の影響によりグルテンアレルギーが深刻な問題になっている。そこで注目されているのが原生品種の古代小麦で加工はしにくいが栄養価が非常に高い。

ファリーナ・ディ・フルメント

| Farina di frumento |

小麦粉

フルメントとは小麦や穀類のことだが、この場合は軟質小麦。精製度によって00、0、1、2に分けられる。一般的には00は菓子用、0、1はパン、パスタ用で2は全粒粉に近い。

ファリーナ・ディ・セーモラ

| Farina di semola |

セモリナ粉

イタリアでは軟質小麦と区別して硬質小麦の粉をセモリナ粉と呼ぶ。南イタリアで多く栽培され、グルテン含有量が多いことからパンや卵を使わない手打ちパスタに使われる。

ファリーナ・ディ・マイス

| Farina di mais |

トウモロコシの粉

トウモロコシは新大陸発見後、16世紀中頃にイタリアにもたらされ、現在ではパダナ平野を中心とした北イタリアで栽培される。この粉で作るポレンタはヴェネト州の日常食だ。

ファリーナ・ディ・グラーノ・サラチェーノ

| Farina di grano saraceno |

そば粉

そばはトルコ人がバルカン半島経由でドイツやスイスに持ち込み、16世紀半ばにイタリアに伝わった。スイス国境に近いヴァルテッリーナ地方で主に栽培されており、パスタにする。

リゾ・インテグラーレ

| Riso integrale |

玄米

イタリアは年間144万トン（日本は986万トン）とヨーロッパ一の米生産国である。種類は主にジャポニカで、日本で玄米を炊くようにして茹でた後サラダにして食べる。

カルナローリ

| Carnaroli |

カルナローリ

中粒の米で主にパヴィア、ノヴァラ、ヴェルチェッリで栽培されている。でんぷん質に富み、他の品種に比べてリゾットに最適なためイタリアでは米の王様と呼ばれている。

アルボーリオ

| Arborio |

アルボーリオ

米の生産地ヴェルチェッリにある小村アルボーリオから名付けられた。大きめの粒で、水分をとてもよく吸収する。ジャポニカ種であり日本の米に非常に良く似ている。

ヴィアローネ・ナノ

| Vialone nano |

ヴィアローネ・ナノ

ヴェローナのIGP食品で生産地域が限られている。小粒だがリゾットに適した品種の一つ。地元ではチーズを使わず、茹でたリゾット「アッラ・ピロータ」にして食べる。

Salumi

肉製品

プロシュート・クルード
Prosciutto crudo

豚の腿肉を塩漬けし、乾燥させた生ハムでイタリアを代表する加工食品。エトルリア人が紀元前4〜5世紀に生産を始めたとされる。パルマ(DOP)、サン・ダニエレ (DOP)、サウリス、ノルチャ、カゼンティーノなどが有名で、特にパルマとサン・ダニエレは双璧を誇る。プロシュート・ディ・パルマに関しては、紀元前217年カルタゴの武将ハンニバルがパルマ入城の際、住民が生ハムで歓迎したという記録が残っており、14世紀中頃の文献にはすでにその名が見られる。特有の熟成香と滑らかな舌触りから生ハムの王様といわれており、パニーノやアンティパスト、あるいは料理にと応用は幅広い。パルミジャーノ・レッジャーノやモッツァレッラと並ぶイタリア食材の代表。

プロシュート・コット

| Prosciutto cotto |

豚の腿肉の骨を外して成形、調味料に漬けた後に蒸して作る。ボイルハムとも訳されるがボイルはしていない。ローストしたものもあるが、いずれも日持ちしないのでプロシュート・クルードよりも流通が難しい。フリウリ・ヴェネツィア・ジューリア州やエミリア・ロマーニャ州が産地。

モルタデッラ

| Mortadella |

豚肉と脂を混ぜてから袋詰めにし、加熱して作るボローニャの肉製品。時には全長1メートルを超えることも。ローマ時代から作られており肉を擂り潰すための乳鉢モルタリウム（イタリア語でモルタイオ）がその語源。ボローニャ・ソーセージとも呼ばれる。

ブレザオラ

| Bresaola |

北イタリアの各地域で作られている牛肉の生ハムで、塩や調味料に漬け込んだ後熟成させる。燻製をかける場合もある。特にヴァルテッリーナ地方が有名。アスティやヴェネト州では馬肉で、ノヴァラでは鹿肉で作るブレザオラもある。

クラテッロ

| Curatello |

パルマ近郊ズィベッロ産のものはDOP食品でスローフードの希少食材認定。豚の腿肉を皮、脂、骨を外した後ひもでしばり、塩水につけた後干して熟成させる。「幻のプロシュート」とも呼ばれ、価格もプロシュート・クルードの倍以上する。

肉製品

スペック

Speck

トレンティーノ・アルト・アディジェ州、特に南チロル地方の特産で、豚の腿肉の骨を外し成形した後、薫製をかけた生ハム。スペックはドイツ語で「脂」の意味。13世紀から生産されており、パンにスペックをのせたものはこの地方の典型的な前菜兼おやつ。

パンチェッタ

Pancetta

豚バラ肉を塩、胡椒、スパイスで調味した後乾燥、熟成させるイタリアのベーコン。薫製をかけるタイプとかけないタイプがある。そのまま食べるよりも料理の味出しによく、グアンチャーレの代わりにアマトリチャーナやカルボナーラにも使う。

グアンチャーレ

Guanciale

豚の頬肉を塩漬けし、熟成させたもの。中南部イタリアに多く、特にラツィオ州アマトリーチェ産のものはアマトリチャーナ、カルボナーラ、グリーチャに必須といわれる。パンチェッタに比べるとより野趣があり、味、香りともに強い。

フィノッキオーナ

Finocchiona

フィレンツェの名産で、中世後期からルネサンスにかけて生まれた。マキャヴェリも書簡集の中で好物であることを明かしている。フェンネル・シードを利かせた独特の味わいが特徴で、やや粗挽きタイプはズブリッチョローナと呼ばれる。

ラルド

Lardo

豚の脂身の塩漬け。トスカーナ州コロンナータ産が有名で、温度変化が少ない大理石の桶の中で熟成させる。コロンナータは大理石の生産地で、かつて労働者たちはラルドを日々の労働のエネルギー源としていたが、現在は高級食品となっている。

ンドゥイヤ

'Nduja

カラブリア州スピリンガの特産、ソフトタイプのサラミで唐辛子が利いている。その変わった名前はラテン語で「入れる」という意味の「インドゥチェーレ」から来ている。本来は豚の内臓などを使い、そのくせを隠すために唐辛子を加えた。

ソプラッサータ

Soprassata

トスカーナ州の名産で、豚の耳や鼻、舌などを使ったソフトタイプのサラミ。似た名前のサラミは各地にあるがそれぞれ異なる。南イタリアではソプラッサータという名前で、脂を練り込んだ豚のサラミ。エミリア地方では加熱したタイプになる。

チャウスコロ

Ciauscolo

マルケ州の名産で、パンに塗って食べるソフトタイプ。脂を多く含む豚バラ肉、肩肉、腿肉などを練り、ワインとスパイスを加えて熟成させる。ラルドと同じく、高カロリーなことから古代ローマ兵士の携行食として作られたといわれる。

肉製品

チッチョリ

Ciccioli

豚の脂を熱してラードを作る際、残った繊維質の部分をクローブ、シナモン、ナツメグなどのスパイスを利かせ、乾燥させたもの。日本の油かすに近い。超がつくハイカロリーなので昔の北イタリアの農民はポレンタに混ぜて栄養食として食べていたという。

ロンツァ

Lonza

ロンツァとは北イタリアでは牛ロースのことを指す肉の部位名だが、中部イタリアでは豚肩肉で作ったサラミ（カポコッロ）のことを指す。やや脂も強く、歯ごたえもあり味わいも香りも強い。チーズを混ぜて加熱して作るタイプもある。

サラーメ・チンギアーレ

Salame cinghiale

猪の肉を使ったサラミ。イタリアには豚、牛以外にも多くのサラミがあるが、野生の動物は鹿、ノロジカ、猪の3種類が一般的。脂が少なく肉質がしっかりしており、豚肉よりも味わい深い。トスカーナ州、マルケ州、シチリア州が名産。

サラーメ・チンタ・セネーゼ

Salame cinta senese

チンタ・セネーゼとは、ローマ時代からシエナ周辺で飼育されていた黒豚で、胴回りに白い帯（チンタ）があるのが特徴。スペインのイベリコ豚と並び称され、肉の色は濃く、ピンク色の脂も非常に上質。トスカーナ州を代表する人気のサラミ。

サラーメ・フェリーノ

Salame felino

パルマ近郊フェリーノで作られるソフトタイプのサラミ。細長く、上質な熟成香と柔らかさが特徴。豚の肩肉の一部で「トリト・ディ・バンコ」と呼ばれる部位に脂を混ぜて腸詰めにする。現在はIGPなので「フェリーノ・タイプ」という類似品は禁止されている。

サラーメ・ミラノ

Salame milano

ミラノ近郊コドーニョとその周辺で作られている。豚と牛の合挽きに少量の豚の血を混ぜ、塩とハーブ類で味つけ、袋詰めにして熟成させる。本場ミラノではこのサラミを薄くスライスしてミケッタ(ロゼッタ)というパンにはさみ、パニーノとして食べる。

サラーメ・トスカーノ

Salame toscano

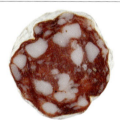

その名の通りトスカーナ州全域で作られており、豚の腿、肩、背脂を大きめにカットして混ぜ込んであるのが特徴。約3キロの重さだが、小さいタイプは「サラーメ・カッチャトリーノ」(猟師のサラミ)と呼ばれる。滋味深く、塩無しのトスカーナ・パンと相性が良い。

サラーメ・ウンゲレーゼ

Salame ungherese

豚肉、豚の脂、牛肉を均等に混ぜ、非常に細かく挽いて作るサラミでサラーメ・ミラノによく似ている。塩、胡椒の他ニンニク、パプリカ、白ワインを混ぜ、薫製にかけてから熟成させる。ハンガリー風(ウンゲレーゼ)と呼ばれるだけにどことなく東欧を思わせる香り。

肉製品 Salumi

ストロルギーノ
Strolghino

クラテッロとほぼ同じ最上級の豚の腿肉を使い、細長い、あるいは馬蹄形の腸詰めにして20日ほど熟成させるサラミ。クラテッロほどの熟成香はないが、より生肉に近く、マイルドで淡白な旨味がある。主にパルマからピエンツァにかけて作られている。

サルシッチャ・ナポリ・ピッカンテ
Salsiccia napoli piccante

豚肉に塩、胡椒、唐辛子、パプリカを加え、馬蹄形の腸詰めにして乾燥、熟成させたサラミ。「ピッカンテ」とは辛いという意味で、ぴりっとした辛みが特徴。気候的には気温が高いため、南イタリアのサラミは長期熟成や唐辛子を利かせたタイプが多い。

サラーメ・ナポリ・ドルチェ
Salame napoli dolce

こちらはナポリ・ピッカンテの唐辛子無しバージョン。豚肉に塩、胡椒と各種スパイス、白ワインを加えて馬蹄形あるいは棒状の腸詰めにし、乾燥熟成させたサラミ。柔らかめの口あたりが特徴で、ナポリおよびカンパーニア州全域で作られる。

コッパ
Coppa

豚の首から肩にかけての肉を使ったサラミ。地方によってはカポコッロ、カピコッロ、ロンツァ、ロンツィーノと呼ばれることもある。カラブリア州のカポコッロ、ピアチェンツァのコッパはDOP食品。独特の香りとしっかりした肉質が特徴。

サルシッチャ・クルーダ

Salsiccia cruda

北中部イタリアを中心に作られている豚肉に塩、胡椒、スパイスなどを混ぜて腸詰めにしたもの。精肉店で販売されている加熱用のサルシッチャとは違い、こちらはあくまでもサラミ・タイプ。ローマの古いトラットリアでは前菜代わりに登場することも。

サラーメ・ファブリアーノ

Salame fabriano

豚肉を使ったサラミで角切りの脂が入っているのが特徴。塩、胡椒、スパイスともに軽めで比較的甘口。マルケ州、アンコーナとペルージャの中間に位置するファブリアーノが名産地。DOP食品であり、スローフード協会が定めた保護対象食品に認定されている。

サラーメ・ネグロネット

Salame negronetto

豚肉に角切りの脂を混ぜたサラミで柔らかいながらもよくしまった食感とバランスのとれた味わいが特徴。1931年デビューと、イタリア料理界の巨匠グアルティエロ・マルケージとほぼ同年代なため引き合いに出されることが多い。

スピアナータ・ロマーナ

Spianata romana

その名の通りローマを中心としたラツィオ州特産、豚肉に脂の角切りを加えたサラミ。「スピアナータ」とは「平らな」という意味で、押し潰したような平べったい形が特徴。パスタ、トルタ・サラータなどローマ料理によく登場する。

チーズ図鑑

Formaggi

パルミジャーノ・レッジャーノ

Parmigiano reggiano

牛乳から作るセミハード・タイプのイタリアを代表するDOPチーズ。朝搾った全乳と、前日搾って脂肪分を取り除いた乳を混ぜて加熱、凝乳酵素(カッリオ=レンネット)を加えて成形。塩水に浸けた後、乾燥熟成させる。修道院が作り始めた12世紀にはすでに文献に登場し、ボッカッチョの『デカメロン』にはパルミジャーノでできた山からマッケローニを転がす、という表現がある。最低24ヶ月熟成が義務づけられており、36ヶ月や48ヶ月、中には90ヶ月熟成(ストラヴェッキオ)というものまである。アミノ酸が豊富で旨味成分に富み、そのままも料理に使っても美味しい万能タイプで、プロシュート・クルードが生ハムの王様ならこちらはチーズの王様。パルマ、モデナ、レッジョ・エミリア、ボローニャなどで作られる。

グラナ・パダーノ

Grana padano

パルミジャーノ・レッジャーノによく似た、牛乳から作られるセミハードタイプのDOPチーズ。やはり12世紀から作られていたようで、伝統的にはロンゴバルド族がイタリアに連れて来たレッジアーナ種の乳で作る。パルミジャーノ・レッジャーノよりもやや安価。

ペコリーノ・トスカーノ

Pecorino toscano

古代ローマ時代の文献プリニウスの『博物誌』にも登場する羊乳で作る非常に古いトスカーナのDOPチーズ。3月(マルツォ)に作り始めるタイプはマルツォリーノとも呼ばれている。ピエンツァが有名で、熟成法によってさまざまなタイプがある。

ペコリーノ・ロマーノ

Pecorino romano

ラツィオ州とトスカーナ州の一部、そしてサルデーニャ州全域で作られている羊乳のDOPチーズ。強い味わいでカルボナーラやアマトリチャーナには欠かせない。1884年ローマ市内での生産が禁じられたことで現在も大部分はサルデーニャ州で生産されている。

アジアーゴ

Asiago

ヴェネト州ヴィチェンツァ郊外アジアーゴを中心にヴィチェンツァ、パドヴァなどで作られるソフトタイプの牛乳DOPチーズ。1000年頃から作られており、加熱するととろりと溶けて非常にコクがある味わいなので加熱用にも用いられる。

Formaggi

チーズ図鑑

モッツァレッラ

Mozzarella

イタリアを代表するフレッシュチーズで、牛乳あるいは水牛の乳で作る。水牛の乳で作る場合は「モッツァレッラ・ディ・ブーファラ」と表示され、カンパーニア州で作られたものはDOPチーズ。プリニウスの『博物誌』にもそれらしき記述があるが、モッツァレッラの語源である「モッツァ」（切り離す）という表現が登場するのは12世紀。これは2人組で湯の中でちぎる独特の製造法に由来する。

ブッラータ

Burrata

モッツァレッラによく似ているが、正式には牛乳で作るフレッシュチーズでプーリア州アンドリア周辺の特産。モッツァレッラ状の生地の中に脂肪分が高い生クリームを詰め、茶巾状に包んだもの。現在はイタリア各地で作られており、非常に人気がある。

リコッタ

Ricotta

チーズを作る際に出た乳清を再加熱して凝固させるフレッシュチーズで、南イタリアで多く作られる。独特の甘みがあるためパスタの詰め物やドルチェにも多く使われる。チーズの分類上、正確にはチーズではなく乳製品に分類される。

ボッコンチーノ

Bocconcino

水牛の乳で作るモッツァレッラを小型にしたフレッシュチーズ。ブッラータに似ているが形状は異なり、内部に生クリームは詰まっていない。サイズが小さいので前菜などでそのまま食べることが多く、小形なのでより歯ごたえがあり、弾力ある食感が特徴。

マスカルポーネ

Mascarpone

ロンバルディア州特有のクリームチーズで、生クリームをクエン産か酢酸で凝固させて作る。伝統的にはティラミスなどドルチェに使われる。その名はロンゴバルド族の言葉で生クリームやリコッタを意味する「マスケルパ」に由来する。

ロビオーラ

Robiola

北イタリアを中心に作られているフレッシュチーズで牛乳、あるいは羊乳から作る。その名は赤い皮を意味するラテン語ルブルムに由来し、若い熟成でクリーミーな味わいが特徴。ピエモンテ州ランゲとロンバルディア州ブレーシアが2大産地。

ストラッキーノ

Stracchino

ロンバルディア州などで作られているソフトタイプのチーズ。全乳で作るので脂肪分が高く、高タンパク。語源はロンゴバルド族の言葉で「疲れた」を意味する「ストラッキ」。高原から平地へと移動させ、疲れた牛の乳を使うことに由来する。

チーズ図鑑

Formaggi

スカモルツァ

Scamorza

南イタリアで作られる牛乳のチーズで洋梨形をしている。濃厚な味わいで弾力があり、薫製させたタイプや中に生クリームを詰めたタイプ、またカンパーニア州では水牛の乳で作ることもある。頭をちぎる、というイタリア語「カパ・モッツァ」に由来する。

スカモルツァ・アッフミカータ

Scamorza affumicata

スカモルツァを薫製させたもの。暑い南イタリアの気候に耐えうる保存性が特徴。独特のスモーキーなフレーバーは加熱するとより際立つのでフライパンで焼いたり、パンと一緒にトーストしてクロスティーニにして食べることが多い。ウィスキーにもよくあう。

カチョカヴァッロ

Caciocavallo

ポドリコ牛の乳から作る高脂肪のチーズで、南イタリア全域で作られている。二つ一組でひもでしばり、吊るして熟成させるためひょうたんのような形をしている。歴史は非常に古く、紀元前5世紀にはすでにヒポクラテスが記述している。

トーマ

Toma

ピエモンテ州で作られる牛乳のDOPチーズで、熟成期間は20〜45日。直径15〜35センチの円形。よく混同されるチーズにシチリア州のTuma（トゥーマ）があるが、これは羊乳や牛乳に塩を加えずに作るフレッシュチーズで全く別のタイプ。

ペコリーノ・イン・グロッタ

| Pecorino in grotta |

羊乳で作ったペコリーノを天然の洞窟で熟成させたもの。洞窟は一年を通して温度、湿度が一定に保たれるので古代からチーズを長期熟成させるのに利用されてきた。ペコリーノは多くのタイプがあるが、長期熟成ならではの熟成香を持つ。

タレッジョ

| Taleggio |

ロンバルディア州を中心に作られるウオッシュタイプのDOPチーズ。湿度90度の環境で塩水で洗いながら40日程度熟成させる。かつてはストラッキーノと呼ばれていたが20世紀初頭からタレッジョ渓谷の名を取ってこう呼ばれはじめた。

ゴルゴンゾーラ

| Gorgonzola |

イタリアを代表するブルーチーズでDOP、主にミラノ周辺で作られる。起源は定かではなく最古の資料は15世紀のもの。ミラノ近郊ゴルゴンゾーラ村から来た何者かがその製法を広め、後にその製法がイギリスに伝わったとされる。

フォンティーナ

| Fontina |

牛乳で作るヴァッレ・ダオスタ州のセミ・ハード・タイプDOP。1270年の資料にすでに記述されており、発酵によるほのかな酸味が特徴。アルプスの牛飼いが作っていたチーズがその原型とされ、加熱してポレンタやパンと一緒に食べる。

オリーブオイルの多様性

イタリアには538種類のオリーブの木が存在するといわれる。世界には1122種類が存在するとされ、世界最大のオリーブオイル生産国であるスペインには272種類しかないことから、イタリアにおけるオリーブの多様性が抜きん出ていることは明らかである。イタリアでのオリーブ栽培の起源はいつ頃なのかは定かではないが、イタリアの地には、紀元前1000年頃にはオリーブの木が存在しており、その後、古代ローマ人にとっては重要な産業となったことから、3000年以上の歴史を持つことは確かである。イタリアのオリーブオイルの品質は、20世紀後半、特に1980年代から90年代にかけて飛躍的に向上した。石臼を使って実を破砕し、温度管理のないまま圧搾していたそれまでの方法から、酸化を防ぐために密閉した機械のなかで厳密な温度管理のもと、破砕、練り(オリーブの風味を引き出す工程)、遠心分離によるオイルの抽出、フィルタによる不純物の除去が可能になったからである。こうして、オリーブオイル、特にエクストラ・ヴァージン・オリーブオイルは、品種、産地、生産者ごとに各々の特徴を最大限に引き出し、バラエティ豊かなオリーブオイル市場を形成するに至った。

オリーブオイルのカテゴリー

エクストラ・ヴァージン・オリーブオイル

L'olio extra vergine di oliva

オリーブの実を破砕、圧搾、濾過しただけで、一切の化学的処理をほどこしていないオリーブオイルで、遊離脂肪酸の割合が100g当たり0.8gを超えないもの。風味を損なわないために加熱調理には使用せず、料理の仕上げにかける。

ヴァージン・オリーブオイル

L'olio vergine di oliva

エクストラ・ヴァージン・オリーブオイル同様の方法で製造されるが、品質は劣り、遊離脂肪酸の割合が100g当たり2gを超えないものを指す。ほとんど市場に出回ることはなく、オリーブオイルの製造に用いられることが多い。

オリーブオイル

L'olio di oliva

化学的処理をほどこして精製したオリーブオイルに、ヴァージン・オリーブオイルもしくはエクストラ・ヴァージン・オリーブオイルをブレンドし、遊離脂肪酸の割合が100g当たり1gを超えないもの。日本ではピュアオリーブオイルと呼ばれることもある。オリーブオイル特有の香りが少ないので、フリットのような揚げ物や加熱調理に向いている。

サンサ・オリーブオイル

L'olio di sansa di oliva

オリーブオイルを搾った滓からさらに搾り出したオリーブオイルで、遊離脂肪酸の割合が100g当たり1gを超えないもの。一般の小売店に出回ることはあまりなく、大部分が工場で食品の加工に用いられる。

Oli d'oliva DOP

代表的なオリーブオイル

リグーリア州 Liguria
海岸線に沿ってオリーブの栽培地が広がるリグーリア州を代表するのがタジャスカ種。そのオイルは、緑がかった黄金色で、香りは軽く、かすかにアーモンドを思わせる。味わいは優しくデリケートで、リンゴのような風味、余韻にほんの少し苦みと辛みがある。DOP オリーブオイルは1つだけで、さらに地域によって3つに分けられる。

- ◆ DOP Riviera Ligure – Riviera di Levante（ジェノヴァを含む東部）
- ◆ DOP Riviera Ligure – Riviera del Ponente Savonese（中部）
- ◆ DOP Riviera Ligure – Riviera dei Fiori（西部）

ロンバルディア州 Lombardia
冬の低温のためオリーブの栽培に適さない土地がほとんどだが、湖の周辺は穏やかな地中海性気候で、古よりオリーブの栽培が盛ん。コモ湖、イセオ湖、ガルダ湖畔がそれぞれ、DOP オリーブオイルの産地として認定されている。近年は特にガルダ湖畔のオリーブオイルに優れた品質のものが多い。多く栽培されているのは、ペンドリーノ種、フラントイオ種、レッチーノ種。原産品種はカサリーヴァ種、ガルニャ種、スブレーサ種など。ペンドリーノ種のオイルはかすかに緑がかった黄金色、香りはデリケートで、味わいはまろやか、最初は甘みとアーティチョークのような風味がし、最後はアーモンドの香りとほんの少し辛みが余韻に残る。

- ◆ DOP Laghi Lombardi/Lario（コモ湖畔）
- ◆ DOP Laghi Lombardi/Sebino（イセオ湖畔）
- ◆ DOP Garda Bresciano（ガルダ湖畔西部）

ヴェネト州 Veneto
ガルダ湖の東からパドヴァに至る一帯とグラッパ山の麓に DOP オリーブオイルの生産地域が広がる。特にガルダ湖東側とグラッパ山麓はそれぞれソアヴェやアマローネ、プロセッコといったワインの産地でもある。原産品種はカサリーヴァ種、ファヴァロル種、グリニャン種、ラザ種、レス種、トレップ種、リオンデッラ種、パダニーナ種、ラサラ種、マトッソ種など。グリニャン種のオイルは、かすかに緑がかった黄金色、アーティチョークやリンゴを思わせる香り、アーモンドのような味わいとかすかな辛みが余韻として残る。

- ◆ DOP Garda Orientale（ガルダ湖畔東部）
- ◆ DOP Veneto/Valpolicella（ヴェローナ北東部）
- ◆ DOP Veneto/Euganei e Berici（ヴィチェンツァ南部及びパドヴァ南部）
- ◆ DOP Veneto/del Grappa（グラッパ山南側山麓、東部）

トスカーナ州 Toscana
州のほぼ全土でオリーブが栽培され、その安定した高い品質で知られている。主な栽培品種はフラントイオ種、レッチーノ種、モライオーロ種で、そのほかにペンドリーノ種、コレッジョーロ種、レッチョ・デル・コルノ種、オリヴァストラ・セッジャネーゼ種など。フラントイオ種のオイルは、黄金を帯びた緑色、青い草やアーモンドを思わせる明快な香り、バランスのとれた辛みと苦みが特徴。

- ◆ DOP Lucca（ルッカと北部一帯）
- ◆ DOP Chianti Classico（フィレンツェの南からシエナ方面までの一帯）
- ◆ DOP Terre di Siena（シエナとその南、アミアータ山麓までの一帯）
- ◆ DOP Seggiano（アミアータ山の南）

ウンブリア州 Umbria
州全土がいずれかの DOP 生産地域に認定されており、トスカーナ州と並ぶ中部オリーブオイルの一大生産地。主な栽培品種はモライオーロ種（全体の40%超）、レッチーノ種（同21%）、フラントイオ種（20%）。そのほか原産品種も多いが、栽培量は少ない。モライオーロ種のオイルは、黄金を帯びた緑色、青い草やアーティチョークを思わせる

強い香り、味わいもアーティチョークやカルドに似た苦みと辛みが鮮やかで、余韻にアーモンドの風味。

- DOP Umbria/Colli del Trasimeno（ペルージャの北西部）
- DOP Umbria/Colli Orvietani（ペルージャの南西部）
- DOP Umbria/Colli Martani（ペルージャの南部）
- DOP Umbria/Colli Assisi-Spoleto（グッビオからテルニに至る州東部一帯）
- DOP Umbria/Colli Amerini（テルニの西側）

ラツィオ州 Lazio

トスカーナ州やウンブリア州との州境、ローマより南の海岸地方に DOP の生産地域が広がる。原産品種はカニネーセ種、カルボンチェッラ種、イトラーナ種、ロショーラ種、ラヤ種など。カニネーセ種のオイルは、黄金を帯びた緑色、青い草やカルドを思わせる香り、味わいはまろやかで、バランスのとれた苦みと辛み、余韻に未熟のアーモンドとリンゴの風味。

- DOP Canino（トスカーナ州との州境、海岸からトゥスカニアまでの一帯）
- DOP Tuscia（ボルセナ湖周辺からサバティーニ山地までの一帯）
- DOP Sabina（サビーニ山地の南西部）
- DOP Colline Pontine（ラティーニからガエタまでの南部山地）

アブルッツォ州 Abruzzo

内陸は 2000～3000 メートルに近い山脈地帯につき、オリーブ栽培は海側に集中。海岸線に沿って4つの DOP 生産地域が並ぶ。主な栽培品種はドゥリッタ・ディ・ロレート種、ジェンティーレ・ディ・キエーティ種、カルボンチェッラ種、トッコラーナ種など。ジェンティーレ・ディ・キエーティ種のオイルは、緑がかった黄色で、アーモンドやハーブの苦みを思わせる柔らかな香り、味わいはアーティチョークなどの野菜に似た風味とかすかな苦みと辛み。

- DOP Pretuziano delle Colline Teramane（テラモと海岸地域）
- DOP Aprutino Pescarese（ペスカーラ西の一帯）
- DOP Colline Teatine/Frentano（キエーティと南東部海岸地域）
- DOP Colline Teatine/Vastese（ヴァーストと海岸地域）

カンパーニア州 Campania

ナポリ、カゼルタを除くほぼ全域でオリーブが栽培され、特にサレルノ以南が盛ん。原生品種の種類は 60 を超え、主な品種はピショッターナ種、ロトンデッラ種、カルペッレーゼ種、サレッラ種など。ピショッターナ種のオイルは、かすかに緑がかった黄色で、やや青い草の香り、味わいはまろやかで最初は甘く、次に辛み、苦みがやってくる。アーティチョークの風味と、余韻にアーモンドの風味。

- DOP Terre Aurunche（ラツィオ州との州境、テアーノとその周辺）
- DOP Irpinia/Colline dell'Ufita（アヴェッリーノの東、イルピニア地方）
- DOP Penisola Sorrentina（ソレント半島北部）
- DOP Colline Salernitane（サレルノから南東の一帯とソレント半島南岸部）
- DOP Cilento（州南部チレント地方）

プーリア州 Puglia

イタリア最大のオリーブオイル生産地で、イタリア全体の生産量の 40% 近くを占める。大木に育ったオリーブが延々と続く風景で知られる。ガルガーノ地方の南部などごく一部を除き、ほぼ全域がなんらかの DOP 生産地域。栽培品種も無数にあり、フォッジャ地方ではペランツァーナ種とオッリアローラ・ガルガニカ種、バーリ地方ではコラティーナ種とオッリアローラ・バレーゼ種、サレント地方ではオッリアローラ・レッチェーゼ種とチェリーナ・ディ・ナルド種など。ペランツァーナ種のオイルは、黄金を帯びた緑色で、ハーブやアーティチョーク、アーモンドを思わせる明快な香り、味わいは甘くまろやかでバランスのとれた苦みと辛み、余韻にアーモンドとアーティチョークの風味と軽い辛み。

- DOP Dauno/Gargano（ガルガーノ半島北岸部）

- ◆ DOP Dauno/Alto Tavoliere（ガルガーノ半島北部内陸部）
- ◆ DOP Dauno/Sub Appennino（フォッジャより西内陸部）
- ◆ DOP Dauno/Basso Tavoliere（フォッジャの東側一帯）
- ◆ DOP Terra di Bari/Castel del Monte（海岸のバルレッタからバジリカータ州との州境にかけての一帯）
- ◆ DOP Terra di Bari/Bitonto（バーリとビトントを含む海岸及び内陸部）
- ◆ DOP Terra di Bari/Murgia dei Trulli e delle Grotte（バーリの東海岸地帯）
- ◆ DOP Terre Tarentine（ターラントからバジリカータ州との州境にかけての一帯）
- ◆ DOP Collina di Brindisi（ファザーノやオストゥーニの海岸地帯）
- ◆ DOP Terra d'Otranto（ブリンディシ、レッチェを含むサレント半島一帯）

カラブリア州 Calabria

プーリア州に次いでイタリアで 2 番目に生産量が多い（イタリア全体の生産量のおよそ 28％）。主な栽培品種はレッジョ・カラブリア県でオットブラティカ・ペルチャサッキ種、ロッジャネッラ種など、ヴィボ・ヴァレンティア県でトンダ・ディ・フィロガソ種、カタンザーロ県ではカロレア種など。オットブラティカ・ペルチャサッキ種のオイルは、うっすらと緑がかった黄色で、アーティチョークを思わせるしっかりとした香り、味わいはかすかな辛みと苦み、余韻にセロリの風味。

- ◆ DOP Bruzio/Sibaritide（北部コリリアーノ湾に面した海岸地域）
- ◆ DOP Bruzio/Fascia Prepollinica（北部ポッリーノ山の南側地域）
- ◆ DOP Bruzio/Valle Crati（コセンツァの北側地域）
- ◆ DOP Bruzio/Colline Joniche Presilane（シーバリ平野南部海岸地域）
- ◆ DOP Alto Crotonese（シーラ・グランデ山地の東側地域）
- ◆ DOP Lametia（ラメティア・テルメの海岸地域）

シチリア州 Sicilia

島のほぼ全域でオリーブが栽培されているが、北部は西端のマルサラから東端のメッシーナ及びエトナ山麓に渡って DOP 生産地域が広がり、南部はシラクーサからヴァル・ディ・ノート地方に至る一帯に DOP 生産地域が密集している。また、アグリジェントの神殿の周辺にも古来のオリーブが点在し、"神殿の谷のオリーブ" と呼ばれ、保護されている。主な栽培品種は、ノチェッラーラ・デル・ベリチェ種、ノチェッラーラ・エトネア種、ビアンコリッラ種、チェラスオラ種、トンダ・イブレア種、モレスカ種など。栽培量は少ないが、原生品種のバリエーションは多い。ノチェッラーラ・デル・ベリチェ種のオイルは、黄金がかった緑色で、青いオリーブの実やトマト、刈った草の香り、味わいはバランスのとれた苦みと辛み、野菜やアーモンドの風味がし、余韻に心地よい辛み。

- ◆ DOP Valli Trapanesi（トラーパニとマルサラを含む西側地域）
- ◆ DOP Valle del Belice（カステルヴェトラーノを中心とする海岸地域）
- ◆ DOP Val di Mazara（パレルモからシャッカ、及びマドニエ山脈までの一帯）
- ◆ DOP Valdemone（ネブロディ山脈からメッシーナまでの一帯）
- ◆ DOP Monte Etna/Valle dell'Alto Alcantara（エトナ山麓北部ランダッツォ近辺）
- ◆ DOP Monti Etna/Monte Etna（海岸地域を除くエトナ山麓）
- ◆ DOP Monti Iblei/Calatino（イブレイ山脈北西部）
- ◆ DOP Monti Iblei/Trigona-Pancali（イブレイ山脈北東部カターニア平原）
- ◆ DOP Monti Iblei/Monte Lauro（イブレイ山脈ラウロ山東側地域）
- ◆ DOP Monti Iblei/Gulfi（イブレイ山脈ラウロ山南側地域）
- ◆ DOP Monti Iblei/Valle dell'Irmino（イブレイ山脈南西部）
- ◆ DOP Monti Iblei/Val d'Anapo（シラクーサ内陸部）
- ◆ DOP Monti Iblei/Frigintini（ラグーサ及びその南部地域）
- ◆ DOP Monti Iblei/Val Tellaro（ノート、アヴォラ、パキーノ近郊海岸地域）

Aceto balsamico

バルサミコ

バルサミコ酢の原産地はエミリア地方。製造方法や熟成年数もさまざまな製品があるが、DOPに認定されているのは、モデナ伝統バルサミコ酢とレッジョ・エミリア伝統バルサミコ酢のみである。例として、モデナ伝統バルサミコ酢の規定は、以下の通り。

● モデナ県内で栽培されたブドウの搾り汁を直火で加熱し、糖と酸の発酵を経て熟成させる。年月は12年を下回ってはならない。

● 熟成にはボッティチェッレまたはヴァセッリと呼ばれる大きさと材質の異なる木樽を用いる。樽の材質はその土地伝統のものでなければならない。作業に用いられる一連の樽をバッテリーエと呼ぶ。

● いかなる添加物も認めない。醸造所には組合による立入検査が行われ、原材料の出所もチェックされる。

● 販売においては、組合が指名する鑑定人による試験(成分ならびに品質、色、香り、味)をパスしなければならない。

● 販売予定の製品に組合は、醸造所所のオーナー立ち会いのもと、試験用のサンプルを抜き、その樽は封印する。試験に合格して販売が可能となったら、再びオーナー立ち会いのもと、封印をといて瓶詰を行う(サンプル試験中の製品になんらかの手を加えることを防ぐため)。

● 瓶詰の後、番号入りのピンクの封が蓋にほどこされる。この封があればその製品の出所を確認することができる。また、瓶の裏側のエチケットには、製造元オーナー立ち会いのもと瓶詰が行われたことが記される。

● 瓶はジウジアーロ社のデザインで容量は100ml。どの生産者のものでも政府の農林省に認定されているこの公式瓶に詰められることになっている。

● 唯一、生産者に残されている自由は、瓶前面のエチケットデザイン。ただし、製造年及び製造に要した年数を明記してはならない。

● 公式瓶以外の形態での販売は認められておらず、唯一例外として、2.5mlのサンプルを作ることが許されている。ただし、非売品。

● 12年以上熟成をアッフィナートaffinato、25年以上熟成をエクストラヴェッキオextra vecchioと呼称する。

アチェート・バルサミコ・トラディツィオナーレ・ディ・モデナ
Aceto balsamico tradizionale di Modena

塩

Sale

イタリアで製造されているのはほぼ100％が海塩である。古代ローマ以来、主だった海岸都市には必ず塩田があり、製塩業は重要な産業であったが、近代に入って廃業する塩田が増え、現在も商業的に機能しているのは、サルデーニャ州のサンタンティオコ、シチリア州のトラーパニ、プーリア州のサンタ・マルゲリータ・ディ・サヴォイア、エミリア・ロマーニャ州のチェルヴィアくらいである。このなかで、最大の塩田はサンタ・マルゲリータ・ディ・サヴォイアであり、IGP(地域保護表示)の認定を受けているのはトラーパニの塩田で、製造、保管ともに昔ながらの方法を受け継いでいる。また、製造量はわずかだが、トスカーナ州、シチリア州、カラブリア州には岩塩の鉱床があり、特にトスカーナ州のヴォルテーラが、メディチ家からの独立を保てたのは、製塩業の利益のおかげだといわれている。塩がいかに貴重であるかは、時の権力者がその利権に固執したことからもわかるが、イタリアでは塩を食卓にこぼすと不幸になるということわざもある。イタリアで調理や食卓で使われているのは、サーレ・グロッソ(粗粒)とサーレ・フィーノ(細粒)の2種類。前者は特に加熱調理に使われることが多く、後者は食卓で、食べ手が好みに応じて使う。あらかじめ乾燥ハーブやニンニク、胡椒などを混ぜあわせた調味塩もさまざまなタイプが販売されており、サラダや肉のグリル、魚料理に重宝する。

サーレ・フィーノ

Sale fino

サーレ・グロッソ

Sale grosso

イワシの魚醤 Colatura di alici

古代ローマ時代、塩とともに貴重な調味料とされたのが、ガルムと呼ばれた魚醤。現代では、カンパーニア州アマルフィ海岸にある小さな村チェターラで、コラトゥーラ・ディ・アリーチ(イワシの魚醤)が作られている。春に獲ったイワシを樽で塩漬けにし、しみ出た液体をガラス瓶に集めて夏の天日にさらして凝縮させ、秋、再びイワシの樽に戻してさらに味を深める。12月、液体を麻布で漉せば完成。この魚醤を、塩を使わずにゆでたパスタ(特にスパゲッティ)にかけるのが伝統的な食べ方。魚介や野菜を使ったパスタに加えてもよい。

パスタの地域性と
パスタ図鑑

素材としてのパスタをより深く知るために、ここでは代表的なパスタ42種類を Pasta lunga「パスタ・ルンガ＝ロングパスタ」、Pasta corta「パスタ・コルタ＝ショートパスタ」、Pasta fresca「パスタ・フレスカ＝生パスタ」、Pasta variante「パスタ・ヴァリアンテ＝その他のパスタ」に分類してみた。その他、2種類に大別するなら Pasta industriale「パスタ・インドゥストリアーレ＝工業製品パスタ」に対して Pasta fatta a mano「パスタ・ファッタ・ア・マーノ＝手作りパスタ」とする分類もある。どちらにしても地域性が強く出るのがパスタで北イタリアではパンやそば粉などを使った特殊なパスタがある。エミリア・ロマーニャ州を中心とした北イタリアでは卵を使った多種多様な手打ちパスタが見られる。南部では伝統的にセモリナ粉を使った手打ちパスタや、保存食から生まれた乾燥パスタが盛んで、郷土料理にも乾燥パスタを使ったものが多く見られる。また同じ形状のパスタでも地域によって呼び名が異なることもある。

Pasta lunga

ロングパスタ

スパゲッティ

| Spaghetti |

直径 1.7 〜 2.0 ミリ、セモリナ粉で作る乾燥ロングパスタ。オールマイティで最も調理しやすいパスタの一つ。「短いひも」という意味で、1824 年にナポリの喜劇作家アントニオ・ヴィヴィアーニの作品の中で史上初めてスパゲッティと呼ばれた。

スパゲッティーニ

| Spaghettini |

直径 1.5 〜 1.6 ミリ、セモリナ粉で作る乾燥ロングパスタ。スパゲッティより一回り細いため調理時間も比較的短く口当たりも良い。スパゲッティが時に重厚で食べ応えあるソースを要求するのに比べこちらは万能型でソースを選ばない。

カッペッリーニ

| Cappellini |

直径 0.9 ミリ、セモリナ粉で作る乾燥ロングパスタ。「髪の毛」という意味。極細のためのどごしが良く、冷たいトマトソースなどと一緒に冷製パスタにしたり、細かく折ってミネストローネなどのスープ・パスタに使用される。

ヴェルミチェッリ

| Vermicelli |

1.8 〜 2.2 ミリ、セモリナ粉で作る乾燥ロングパスタ。スパゲッティよりも一回り太いためコシが強く、噛みごたえがあるのでラグーなどの濃厚なソースやナポリ風のヴォンゴレにあわせることが多い。メーカーによってはスパゲットーニともいう。

リングイネ

| Linguine |

幅約 2.5 〜 3.0 ミリほどの楕円形、セモリナ粉で作る乾燥ロングイネとも。メーカーによってはバヴェッティーネとも。アッロ・スコッリオなどの魚介系やペスト・ジェノヴェーゼと相性が良い。その断面から「小さな舌」という名がついた。

ブカティーニ

| Bucatini |

直径 2.5 〜 3 ミリほどで中心に穴が開いている。セモリナ粉で作る乾燥ロングパスタだが、かつては針金の周囲にパスタを巻き付け、家庭で作っていた。定番はアマトリチャーナやカルボナーラなどのローマ料理で、穴の内部にまでソースが浸透する。

Pasta corta

ショートパスタ

ペンネ
Penne

長さ5〜6センチ、セモリナ粉で作る乾燥ショートパスタの代表。ペン先のような形なのでその名がついた。溝のないタイプを「ペンネ・リッシェ」、溝のあるタイプを「ペンネ・リガーテ」と呼ぶ。近年では内部にまで溝が刻まれたペンネもある。

リガトーニ
Rigatoni

直径2〜3センチ、セモリナ粉で作る乾燥ショートパスタ。「溝」という意味で小型の筒状のパスタは溝が刻まれ、ソースのからみが良い。噛みごたえがあるためアマトリチャーナやカルボナーラ、ラグーなど濃厚なソースと相性が良い。

フジッリ
Fusilli

長さ4〜5センチ、ペンネと並びセモリナ粉で作る乾燥ショートパスタの代表。螺旋状に刻まれた溝はソースとのからみが良く、特にラグーや細かく刻んだ野菜との相性が良い。のびにくいのでお弁当や冷製パスタにすることも多い。

メッツェ・マニケ
Mezze maniche

リガトーニをちょうど半分に切ったような形状で「半袖」という意味。セモリナ粉で作る乾燥ショートパスタ。一口サイズなのでポルペッティーネ(小さめの肉団子)や豆類、あるいは貝類を使った魚介系ソースなどとあわせることが多い。

パッケリ
Paccheri

直径5〜6センチ、セモリナ粉で作る乾燥ショートパスタ。カンパーニア州を中心に魚介系ソースとあわせることが多い。ナポリ弁で「平手打ち」を意味する「パッカリア」に由来し、同じ意味から「スキアッフォーニ」とも呼ばれる。

ストロッツァプレーティ
Strozzapreti

長さ7〜8センチ。小麦粉やパン粉、ジャガイモを使うこともある乾燥ショートパスタ。ショートパスタの割にはやや長めで、食べにくいことから「神父を窒息させる」という名がついた。これは貧しい時代でも美食家だった神父たちへの皮肉でもある。

コンキリオーネ

Conchiglione

長さ6〜8センチ、セモリナ粉で作る乾燥ショートパスタ。「大きな貝」という名の通りユニークな形状をしている。一回り小さなものは「コンキリア（貝）」と呼ばれる。パスタ内部にソースを包み込んでくれるのでラグーなどとの相性は最高に良い。

ファルファッレ

Farfalle

長さ3〜4センチ、「蝶」という名のショートパスタ。本来は卵を使ったエミリア・ロマーニャ州の手打ちパスタだったが、工業製品として乾燥パスタも多く出回っている。ボリュームが出にくいので冷やしてサラダ仕立てにすることも多い。

トルティリオーニ

Tortiglioni

「螺旋」という意味の、セモリナ粉で作る乾燥ショートパスタ。リガトーニとほぼ同じ形状だが、溝がななめに刻まれているのが特徴。リガトーニよりもよりソースがからみやすく、クリーム系のソースとも抜群の相性の良さを発揮する。

ラディアトーリ

Radiatori

長さ3〜4センチの乾燥ショートパスタ。「ラジエーター」という意味で、その形はまさに自動車のそれを連想させる。もちろん伝統的パスタのグループには入らないタイプだが、ソースにからみやすく、なによりイタリア人の自由な発想をうかがわせる。

ストラチェッティ

Stracetti

長さ5〜6センチ、形が不揃いなことからついた呼び名は「ぼろきれ」。本来は手打ちパスタをアトランダムに切ったもので、マルタリアーティともいう。縁が波打つような形状の工業製品もあり、ラグーなどと相性が良い。手打ちの場合は卵が入る。

パスタ・ミスタ

Pasta mista

南イタリアによく見られる、折ったカッペッリーニやマルタリアーティなど、さまざまな形のショートパスタをミックスにしたもの。ミネストローネなどスープの具としてよく使われ、何種類もの形があるので例えばシンプルなスープでも食べ飽きない。

Pasta fresca
生パスタ

オレッキエッテ
Orecchiette

プーリア州を代表する手打ちパスタ、タイプ0やセモリナ粉、全粒粉、グラーノ・アルソなどを使う。「耳たぶ」という名の通り3～4センチの楕円形でトマトソースやチーマ・ディ・ラーパなどとあわせる。地方によっては「オレッキーニ」、「レッキエッテル」とも。

タリオリーニ
Tagliolini

幅2～4ミリ、卵と小麦粉で作る手打ちパスタ。地方によっては「タリエリーニ」、「タヤリン」と呼ぶこともある。ラグーやキノコ、特に白トリュフとあわせることが多い。繊細でしなやかな舌触りは手打ちパスタの中でも最上位に位置する。

タリアテッレ
Tagliatelle

幅4～8ミリ、卵と小麦粉で作る手打ちパスタ。正確にはタリオリーニよりも幅広だが長麺状の手打ちパスタを総称してタリアテッレと呼ぶことも多い。歯ごたえがあるのでラグーと相性が良く、イタリア全土にさまざまなバリエーションが見られる。

パッパルデッレ
Pappardelle

幅2～4センチ、卵と小麦粉で作る手打ちパスタ。トスカーナ州を代表する手打ちパスタで水と小麦粉だけで作ることもある。語源は「食べる」という意味の「パッパーレ」に由来する。より食べごたえがあることから猪など強い味のソースにあう。

トルテッリーニ
Tortellini

直径2～3センチ、卵と小麦粉で作った生地で挽肉などを包む詰め物パスタ。エミリア・ロマーニャ州が本場で、大きくなるにつれ「トルテッリーニ」「トルテッリ」「トルテッローネ」となる。ピアチェンツァとフェッラーラでは「カッペッラッチ」と呼ぶ。

ファゴッティーニ
Fagottini

トルテッリーニと同じく、卵と小麦粉で作った生地で挽肉などを包む詰め物パスタだが、トルテッリーニは生地を三角折りにして詰め物を包むのに対し、こちらは茶巾状にして包む。通常2～3センチほどだが、10センチほどの大型にすることもある。

ラヴィオリ

Ravioli

卵と小麦粉で作った生地で挽肉やリコッタなどを包む、イタリアで最も有名な詰め物パスタ。ゴンザガ家の影響で16世紀にミラノやマントヴァの宮廷で作られ始めたといわれるが、現在では全国で無数のバージョンがある。

ニョッキ

Gnocchi

水と小麦粉、またはセモリナ粉で作る手打ちパスタ。人類が製粉を始めた後に生まれた最古のパスタの一つ。現代では16世紀以降南米より伝わったジャガイモを加えることが多い。ローマでは木曜日にニョッキを食べる習慣がある。

ピーチ

Pici

トスカーナ州シエナの手打ちパスタで、水と小麦粉で作る。細かく切った生地を両手で押しのばして作る方法は日本の手のべうどんとよく似ている。モンテプルチアーノでは「ピンチ」、ウンブリア地方では「ストランゴッツィ（ストリンゴッツィ）」とも呼ばれる。

キターラ

Chitarra

正確には「マッケローニ・アッラ・キターラ」。卵と小麦粉で作る手打ちパスタ。「ギター」という意味で、針金を使った同名の器具から名付けられた。アブルッツォ州からマルケ州にかけての特産で、特にローマでは「トンナレッリ」とも呼ばれる。

トロフィエ

Trofie

水と小麦粉で作る長さ3〜4センチほどの手打ちパスタ。台の上で転がすように作る。語源はギリシャ語で「栄養」を意味するトロペ。リグーリア地方を代表するパスタでジャガイモを加えて柔らかくすることもある。ペスト・ジェノヴェーゼとあわせる。

ガルガネッリ

Garganelli

長さ4〜5センチ、卵と小麦粉で作る。本来はエミリア・ロマーニャ州の手打ちパスタだが工業製品も市販されている。正方形に切ったパスタ生地を対角線で丸め、専用の器具の上で転がして溝をつける。地方によっては「フィスキオーニ」とも呼ばれる。

その他のパスタ

Pasta variante

ピッツォッケリ
Pizzoccheli

長さ7〜8センチ、水とそば粉、小麦粉で作る手打ちパスタ。ミラノ北方ヴァルテッリーナ地方で食べられている。そばはトルコ人がドイツなどに持ち込み、アルプス経由でこの地に伝わった。キャベツやバターとともに煮込んで食べる。

パスティーナ
Pastina

水とセモリナ粉で作る小型の乾燥パスタで、ミネストローネなどのスープの具材として使われる。パスティーナとはこうした小型パスタの総称で、形状には「フィリーニ」「ファルファリーネ」「グラッティーニ」「ステッリーネ」「アネッリーニ」などがある。

フレーグラ
Fregula

水とセモリナ粉で作る胡椒大の粒状パスタ。少量の水でこねるように作った後天日で乾かし、魚介のスープなどに入れて食べる。サルデーニャ州の伝統的パスタで14世紀にはテンピオ・パウザニアの粉挽きが作っていたという記録がある。

クスクス
Cuscus

水とセモリナ粉で作る細かい粒状のパスタ。アラブ起源で、シチリア州では郷土料理として定着している。茹でるのではなく蒸して調理し、魚介や肉のスープとともに食べる。1400年代には高貴な料理としてサヴォイア家で食べられていた。

リゾーニ
Risoni

長さ1センチほど、水とセモリナ粉で作る米粒型の乾燥パスタ。スープの具材として食べるパスティーナの一種で、玄米を雑炊にしたような歯ごたえと食感が得られる。スペインでは米の代わりにリゾーニでパエリアを作ることもある。

パッサテッリ
Passatelli

長さ3〜5センチ、卵、パン粉、パルミジャーノで作るパスタ。小麦粉を使わない場合が多いので厳密にはパスタではないともいわれる。エミリア・ロマーニャ州からマルケ州にかけてよく作られ、専用の道具で押し出し、スープの中で茹でて食べる。

カネーデルリ

Canederli

直径5〜10センチの球状で卵、小麦粉、パン、チーズ、ハムやサラミなどで作る。ドイツ語圏に属する南チロルやアルト・アディジェ地方の特産でドイツ料理クネーデルのイタリア語発音。ドイツ、オーストリア、チェコでよく食べられる。

テスタローリ

Testaroli

直径30センチほどの円形に焼いた後、細かく切ってから茹でるという特殊な手打ちパスタで、水とセモリナ粉で作る。聖書に登場する「石焼フォカッチャ」はこのテスタローリといわれるほどその起源は古い。トスカーナ州ルニジャーナ地方の名産。

フィリンデウ

Filindeu

糸を編んだように細い手打ちパスタで、水とセモリナ粉で作る。熟練の技術を要するサルデーニャ州、バルバージア地方の特殊なパスタ。細く延ばした生地を糸を重ねたガーゼのように丸い板にはりつけ、天日で乾かしてから羊とペコリーノのスープで煮て食べる。

マッロレッドゥス

Malloreddus

長さ2〜3センチ、水、セモリナ粉、サフランで作る。伝統的には手作りだが現在は工業製品も市販されている。その語源は「仔牛」を意味するサルデーニャ方言ともいわれるが、ラテン語で「ニョッキ」を意味する「マッレオルス」という説もある。

ロリギッタス

Lorighittas

水とセモリナ粉で作るサルデーニャ州の手打ちパスタ。その作り方も熟練の技術を要する独特のパスタであることから、イタリアの伝統食品リストにも登録されている。本来は11月1日の諸聖人の日に作られる宗教的食品であった。

カンデーレ

Candele

直径2〜9ミリほどで穴があり、水とセモリナ粉で作る乾燥パスタ。「ろうそく」という意味で細かく折ってから茹でるが、特に太いものはカンデローネと呼ばれる。宗教行事に使われるろうそくの名を冠したパスタは信仰心に篤い南イタリアならでは。

Pane

地域色豊かな日常のパン

ロンバルディア州やピエモンテ州で昔から作られてきたパンは、とうもろこし粉、ライ麦粉のほか、木の実やレーズンも使われる。どっしりとした日持ちのするパン。

パスタやピッツァの陰に隠れ、イタリアのパンはあまり注目されることがないが、ヨーロッパのほかの国と同様に、イタリア人にとってパンは食事の基本となる要素である。パンがイタリアに"導入"されたのは紀元前2世紀頃、マケドニアからの奴隷がもたらしたといわれている。それまで、古代ローマ人は小麦を粒のまま水で煮込んだプルス(puls)と呼ばれる粥状のスープを食べていた。そこに、すでに小麦を粉に挽いて練って焼くという技術を持っていたマケドニア人が連れてこられ、彼らはやがてパン職人となっていった。パンは古代ローマ人にとって重要な食物となり、それゆえにパン職人の途絶は死活問題と考え、パンの工房は職人の息子あるいは娘婿によって引き継ぐべし、と定められたという。

パンもワインも、酵母の働きによって成り立っているが、19世紀にパスツールによって酵母のメカニズムが解明されるまで、人間がコントロールすることの難しい食品でもあった。20世紀になってからは、小麦の交配が進み、栽培がたやすく収量の多い品種がイタリア各地で導入され、また、ビール酵母と呼ばれる人工的に培養された酵母がそれまでの自然酵母に取って代わり、パンの製造の効率がアップ。工場での大量生産も可能となった。

しかし、現代イタリアでは、グルテンアレルギーの問題が深刻化しており、新品種の小麦がその原因の一つであるという説が出ている。人々は、より自然で体に優しい"昔ながらの"パンを求め始め、土地伝来の品種の小麦や雑穀、自然酵母を使うパン職人も少しずつ増えてきている。

エミリア・ロマーニャ州の軟質小麦粉を使った"白いパン"。生地が軽く扱いやすいので、いろいろな形が生まれた。さっくりとした食感が特徴。

パーネ・コムーネ

Pane comune

エミリア・ロマーニャ州の食事パン。シンプルな形なので、コムーネ（一般的）という名前がついている。基本的な材料は左ページの"白いパン"と同じで、軟質小麦粉、塩、酵母、水。小型から切り分けるタイプまで大きさはさまざま。

パーネ・トスカーノ

Pane toscano

形は細長い楕円が一般的だが、作り手によって形はさまざまに変わる。

トスカーナ州の伝統的なパンといえば、"ショッコ"と形容される、塩を使わずに作るパン。フィレンツェがピサと戦っていた時代に、ピサに塩の運搬を阻まれたから生まれたという説がある。トスカーナ州の塩気の強いサラミや生ハムと相性が良い。

パーネ・プリエーゼ

Pane pugliese

プーリア州のパンと一般的に呼ばれることが多い、南のパン。北のパンとの違いは、軟質小麦粉に加えて硬質小麦粉を使っていること。全体的に黄みを帯び、香りも強い。

パーネ・インテグラーレ

Pane integrale

全粒粉を使ったパン。イタリアの小麦粉は、製粉具合によって等級がつけられ、精製度が高いものが00、以下順に0、1、2と続き、全粒粉が最も粗い。胚芽やふすまが含まれるため健康に良いとされる。

フォカッチャ
Focaccia

リグーリア州ジェノヴァが発祥、全国で見られるパン。小麦粉、塩、酵母、オリーブオイルを練り、平たくのばしてオリーブオイルを表面に塗って焼く。ふんわり柔らかいタイプ、かりっと固いタイプのほか、全粒粉を使ったもの、上面に具(タマネギ、オリーブなど)をのせたものなど、さまざまなバリエーションがある。「潰した」という意味の「スキャッチャータ」と呼ぶところもある。

チャバッタ
Ciabatta

「スリッパ」という意味のチャバッタは、その名の通り、扁平な形が特徴。北イタリアでよく作られる。グルテンの強い小麦粉を使って水分を多めに加えた生地で、クラムには大きな気泡が見られ、手にした感じは非常に軽いのが特徴。

フリセッレ
Friselle

「フレーセ」とも呼び、プーリア州やカラブリア州でよく見られる。小麦粉、塩、酵母で練った生地を丸め、あるいはドーナツ形にして焼き、熱いうちに横半分に切ってもう一度焼いて乾燥させ、保存性を高める。食べる時は、水にさっとくぐらせて、みじん切りのトマト、塩、オレガノ、オリーブオイルをかける。

タラッリ
Taralli

カンパーニア州やプーリア州でおもに作られ、パンというよりもスナックに近い。小麦粉、塩、水、酵母、オリーブオイル(もしくはラード)を練った生地をリング状に形作る。そのまま焼くとさくっとした歯触りに、生地を茹でてから焼くと表面につやが出て、かりかりとした食感になる。サイズは大小さまざま、フェンネルシードや黒胡椒などを加えるバージョンや、甘いタイプもある。

グリッシーニ

Grissini

17世紀末、サヴォイア王家のヴィットリオ・アメデオ2世は幼い頃より胃腸が弱かった。宮廷医の指示により、御用達パン屋であったアントニオ・ブルネーロが、消化を良くするために白いクラムのないごく細いパンを考案した。これが、グリッシーニの始まりである。

パーネ・カラサウ

Pane carasau

サルデーニャ州の羊飼いが持ち歩くために生まれた保存性の高いパン。軟質小麦粉、硬質小麦粉、塩、酵母、水を練り、ごく薄い円形にのばして焼く。風船のように膨らんだら取り出し、縁から円周に沿って切り、二枚に剥ぐ。再び焼き、取り出したら重ね、縮まないように重しをする。食べる時は割ってそのまま、あるいは、野菜の煮込みなどをのせて柔らかくして食べる。

ロゼッタ

Rosetta

ヴェネト州とロンバルディア州がオーストリアの統治下にあった19世紀に伝わったドイツ・オーストリアのパン「センメル」が原型といわれる。小麦粉、塩、酵母、水、麦芽で作った生地をこぶし大くらいにまとめ、専用の型を押し付けてバラの花のような切り込みを入れて焼く。ロンバルディア州では「ミケッタ」とも呼ぶ。

パーネ・フェラレーゼ

Pane ferrarese

「コッピア・フェラレーゼ」とも呼ばれ、700年以上の伝統を持つパン。生地は小麦粉、塩、酵母、水、オリーブオイル、ラードで作るが、白いクラムがほとんどなく、クラッカーのような食感が特徴。ボローニャでも見られるが、フェラーラのパン屋では手のひらに隠れるほどの小さいものから、ひと抱えもある大きなものまでが並ぶ。伝統的ではないが、最近は健康志向を受けて全粒粉製のものもある。

ピッツァのムーブメント

ピッツァ・ナポレターナと21世紀のグルメ・ピッツァ

ピッツァの誕生と
ピッツァ・ナポレターナの昇華

ピッツァの前身は、紀元前に古代ギリシャ人が作っていた生地を薄くのばしたパンや、古代ローマ人が皿代わりに用いた平たく丸いパンだと考えられている。ピッツァの語源は、ラテン語で「潰す」という意味を表す動詞だとされるが、定かではない。文字としては、997年にラツィオ州ガエタで書かれたラテン語の文書に見られるpizzaがおそらく最古である。

平たく丸い生地に具をのせて焼くパンは、15世紀の終わり頃には一般に作られており、具はラード、ニンニク、塩、よりリッチなバージョンではチーズ、バジリコの葉なども使った。16世紀中頃に南米大陸よりもたらされたトマトが、食用として栽培されるようになったのが、そのおよそ100年後。さらにピッツァにトマトが使われるようになったのは19世紀半ば。その後、1889年にイタリア国王ウンベルト1世とその王妃マルゲリータがナポリを訪れた際に、当時のピッツァ職人ラッファエレ・エスポジトが三種類のピッツァを提供したところ、その中の一つ、トマトとモッツァレッラとバジリコを使ったピッツァを王妃がたいそう気に入ったことから、「マルゲリータ」の名をつけることが許されたのである。ちなみに、あとの二つは、マストゥニコーラ（ラード、チーズ、バジリコ）とマリナーラ（トマト、ニンニク、オリーブオイル、オレガノ）であった。

ナポリのピッツァは、19世紀末、アメリカへの移民によって当地に伝わり、第二次世界大戦後は世界中に広まった。世界各地でピッツァがどんどん変化していくことに危惧の念を抱いたナポリのピッツァ職人たちは、1984年に「真のナポリ・ピッツァ協会」を立ち上げ、マルゲリータとマリナーラについて詳細なルールを決め、それを守る店に協会の認定を授ける活動を開始した。

ヘルシー&グルメが
21世紀ピッツァのキーワード

20世紀の終わり、ヴェネト州ヴェローナ近郊の町で一人の青年が家業のピッツェリアから独立し、"自らが理想とするピッツァ"を作り始めた。粉はイタリア産を厳選し、自家製酵母を使い、より風味と食感の良い生地を目指して研究を重ねた。たどり着いたのは、もっちりとしたナポリ・ピッツァとは全く違う、弾力はありながら口当たりの軽い生地。ゆっくりと発酵させるため消化も良い。彼は、この繊細な生地にあわせるための具も従来のピッツァにはないものを試した。吟味したハムやフレッシュなチーズ、ハーブやソースなど、加熱すると風味が損なわれるものを主役にし、生地を焼いた後にトッピング。新鮮な魚介、トリュフやキャビアも使う。お客にサービスする時にはあらかじめ切り分けて、一度に数種類のピッツァを数人でシェアできるようにした。安く、お腹いっぱいにするのではなく、上質なものを適量味わうというこのスタイルは、健康志向の強い北イタリアからじわじわと広まり、また、生地やトッピングのオリジナリティを追求するがゆえ、さまざまなバリエーションが生まれて細分化が進んでいる。こうした新しいピッツァはクラシックなピッツァに対し、グルメ・ピッツァ、あるいはピッツァ・ダウトーレ（オリジナルピッツァ）と呼ばれるようになっている。

Altre pizze tradizionali
ピッツァ・ナポレターナ以外の伝統ピッツァ

ローマには二つのタイプの独特のピッツァがある。一つは円形のごく薄い生地、もう一つは長さ1メートル前後にのばした、やや厚く歯ごたえのある生地。前者はピッツェリアのテーブルでサービスされるが、後者はテイクアウト用に切り分けて販売されるのが一般的。プーリア州にはピッツァ・バレーゼ（バーリのピッツァ）と呼ばれる、厚みがあり、ふんわりとした生地にトマトや黒オリーブをのせるタイプがある。また、シチリア州にはスフィンチョーネという、やはり厚みがあり、トマトソースとチーズをふりかけて焼いたパンのようなピッツァがある。

ストリートフード百花繚乱

イタリア式小腹満たしの"おやつ"

食事と食事の間にちょっとつまむ、あるいは時間のない時の食事代わりになるストリートフードは、古代ローマ時代よりイタリア人の日常生活になくてはならない"おやつ"。土地ごとの伝統の味が、屋台やキオスコと呼ばれる小屋で売られてきた。21世紀に入ってからはこの伝統を見直そうという動きが活発化、ストリートフードをテーマにしたイベントが各地で繰り広げられている。

▲ロマーニャ地方発祥のピアディーナは、小麦粉と水とラード（またはオリーブオイル）を混ぜて焼いた生地に具を挟む。写真左は生地に卵も加えたタイプ。

▲シチリア州のライスコロッケ、アランチーノ（アランチーナともいう）。ラグー入り、生ハムとモッツァレッラ入りなどバリエーションがある。

▲ひよこ豆のペーストを揚げるのは、シチリア州とリグーリア州の伝統。前者はパネッレ、後者はパニッサと呼ぶ。

▲ピッツァを揚げたピッツァフリッタはナポリの下町の味。大きさや具に作り手のこだわりがにじむ。

▲シチリア州の"パンピザ"、スフィンチョーネ。たっぷりのトマトソースにアンチョビ、モリーカと呼ばれるパン粉がかかる。

▲ローマの新興ストリートフード、トラピッツィーノ。ローマ伝統の煮込み料理をポケット状にしたピッツァ生地に詰め込んである。

▲南イタリアの総菜と軽食の店で。揚げ物を挟んだバーガー、チーズやトマトソースを包み込んだパンなどが並ぶ。

◀ シチリア州のカンノーリはフォークを使わずに食べるストリートスイーツ。筒状に揚げた生地のなかに、チョコレートチップ入りのリコッタクリームを詰める。生地が湿気やすいので、注文ごとにクリームを詰めることも多い。

◀ フィレンツェのストリートフードといえば、ランプレドット。牛の第四胃袋をじっくりと茹であげ、半分に切ったパンにのせ、サルサ・ヴェルデ（イタリアンパセリのソース）またはサルサ・ピッカンテ（唐辛子ソース）をかけ（あるいは両方ともかけて）、パンの上半分を茹で汁にさっとくぐらせてから挟む。

▲ パーニ・カ・メウサ（パーネ・コン・ラ・ミルツァ）は、シチリア州パレルモ伝統のストリートフード。仔牛の脾臓と肺を茹で、ラードで揚げ煮にしたものをごま付きバンズで挟む。細切りにしたチーズ（カチョカバッロまたはリコッタサラータ）も加えたものはマリタータと呼ぶ。

▲ プーリア州のパンツェロッティは揚げパンの一種。ハムやチーズのほか、さまざまな具を詰めて揚げる。

▶ ヴェネト州パドヴァの伝統屋台フォルバーロは、茹でダコ専門。最近はタコだけでなく、さまざまな魚介を茹でる店もある。

◀ リグーリア州のジェノヴァより東側の名物、フォカッチャ・ディ・フォルマッジョ・ディ・レッコは、レッコで作られるフレッシュクリームチーズをごく薄い生地に挟んで焼いたもの。パリパリの生地とさっぱりとしたチーズの組み合わせ。

▲ アランチーノは丸形もあるが、円錐形に作るのがシチリア州の伝統。食べる時は逆さにして細い方を手に持つ。

▲ バッカラ（塩蔵鱈）のフリット。中部以南ではポピュラーなストリートフードだが、特にローマでは下町の味。

▲ マルケ州のアスコラーナ種と呼ばれる肉厚で大粒のオリーブの実の種を抜き、挽肉種を詰めてパン粉をまぶして揚げた、オリーヴェ・アッラスコラーネ。

▲ ドイツ文化圏のアルト・アディジェ州では、茹でソーセージとゼンメルパンの屋台をよく見かける。ソーセージに砂糖入りの甘いマスタードがある。

▲ ローマの南、アリッチャは仔豚の丸焼きポルケッタの名産地。形を残したまま骨を抜き、塩とハーブとニンニクを詰めて焼く。ナイフでそぎ切りにしてパンに挟むのが定番の食べ方。

◀◀ 栗の粉のクレープ、ネッチはトスカーナ州北のルッカ以北の伝統。そのまま、あるいはリコッタを包んで食べる。

イタリアワインを理解する鍵

複雑な地域性を知る

海に囲まれ南北に長く、国土の中央にアペニン山脈が、北部国境にアルプス山脈が走るという起伏に富んだ地形のイタリアは、全体としては地中海性気候であっても場所によって気候がさまざまに異なり、さらに土壌も複雑に変化する。こうした性格を反映してイタリアワインは非常に幅広いバリエーションを見せる。

等級制度があるフランスワインに比べると、イタリアワインは一見すると群雄割拠な状態でわかりにくいといわれてきたが、1990年代以降は原産地の呼称法に基づいて産地別の格付けともいえるDOCG、DOC、IGTの認定が進み、ある程度は系統立てて理解することができるようになった。しかし、必ずしもDOCGワインがDOCやIGTワインよりも優れている、とは断言できない。ワイン製造において、どれだけ手間をかけ、技術を注ぎ込んだかを端的に判断する場合の目安の一つは価格である。格付け認定のためのルールに従うと自分が理想とするワインを造れないという生産者も少なくなく、ヴィーノ・ダ・ターヴォラ（テーブルワイン）と分類されていても高価な、そして、クオリティの高いワインも存在する。

DOCG 統制保証原産地呼称
Denominazione di Origine Controllata e Garantita

特定の土地で、定められた製法に則って造られたワイン。DOCG の認定は、DOC に認定されてから一定の年数が経過し、そのワインが、自然環境や歴史のなかで培った特徴的な性質が、他とは明らかに異なると判断された場合に認められる（2016 年 1 月の時点で、DOCG ワインの総数は 74）。

DOC 統制原産地呼称
Denominazione di Origine Controllata

特定の土地で、定められた製法に則って造られたワイン。大筋では DOCG と同じだが、DOCG は DOC のなかのより狭い地域、あるいは、より厳しい規範に則る。DOC に認定するには以下の点を規範として決めなければならない（2016 年 1 月の時点で、DOC ワインの総数は 332）。

- 産地呼称
- 産地呼称に含まれる生産地域
- ha 当たりのブドウの最大収穫量並びにワイン生産量
- 指定のブドウの酒精値の最小限度

- ワインの生化学的特徴及び官能的特徴、最低アルコール度数
- 製造環境の特徴（気候、土壌、高度、方位、等）
- ブドウ品種、植栽密度、植栽方法、剪定方法
- 官能試験の方法
- 樽熟成及び瓶内熟成の必要最低年月
- 域外で瓶詰する場合はその詳細
- 醸造方法（ワインの色味についても）
- ha 当たりのブドウの最大収穫量
- 指定のブドウの酒精値の最小限度
- ワインの最低アルコール度数
- 認可添加物

IGT　典型的産地表示
Indicazione Geografica Tipica

定められた製法に則って造られ、その生産地域を明らかにしたワイン。一般に DOC よりも広範囲な地域を示す。以下について規範として決めなければならない（2016年1月の時点で、IGT ワインの総数は 118）。
- 地理の表示
- 地理の表示に含まれる生産地域
- 使用を認めるブドウ品種

Primi DOCG

最初に DOCG に認定されたのは？

1963年に初めて、DOCGに関する法律が制定された。だが、その年にDOCGに認定されたワインはない。なぜなら、当時はDOCワインとして少なくとも5年が経過していなければDOCGに"昇格"できなかったからだ。最初にDOCGに認定されたのは1980年、ヴィーノ・ノービレ・ディ・モンテプルチャーノとブルネッロ・ディ・モンタルチーノ、およびバローロ、バルバレスコである。

DOCGワイン

Lombardia
- Franciacorta　白、ロゼ
- Oltrepò Pavese metodo classico　白、ロゼ
- Scanzo　パッシート
- Sforzato di Valtellina　パッシート
- Valtellina Superiore　赤

Toscana
- Brunello di Montalcino　赤
- Carmignano　赤
- Chianti　赤
  - Colli Aretini
  - Colli Senesi
  - Colli Fiorentini
  - Colline Pisane
  - Montalbano
  - Montespertoli
  - Rufina
  - Superiore
- Chianti Classico　赤
- Elba Aleatico Passito　赤
- Montecucco Sangiovese　赤
- Morellino di Scansano　赤
- Suvereto　赤
- Val di Cornia Rosso　赤
- Vernaccia di San Gimignano　白
- Vino Nobile di Montepulciano　赤

Piemonte
- Alta Langa　クラッシコ方式の白のスプマンテ
- Asti Spumante/Moscato d'Asti　白
- Barbaresco　赤
- Barbera d'Asti　赤
- Barbera del Monferrato Superiore　赤
- Barolo　赤
- Brachetto d'Acqui　赤、スプマンテ
- Dolcetto di Diano d'Alba　赤
- Dolcetto di Ovada Superiore/Ovada　赤
- Dogliani　赤
- Erbaluce di Caluso/Caluso　白
- Gattinara　赤
- Gavi　白、スプマンテ、フリッザンテ（微発泡）
- Ghemme　赤
- Nizza　赤
- Roero　赤、Roero Arneis　白、発泡
- Ruchè di Castagnole Monferrato　赤

Umbria
- Montefalco Sagrantino　赤、パッシート
- Torgiano Rosso Riserva　赤

Sardegna
- Vermentino di Gallura　白

Marche
- Castelli di Jesi Verdicchio Riserva　白
- Conero　赤
- Offida　白、赤
- Verdicchio di Matelica　白
- Vernaccia di Serrapetrona　赤のスプマンテ

Veneto

- Amarone della Valpolicella　赤
- Asolo-Prosecco　白
- Bagnoli Friularo　赤
- Bardolino Superiore　赤
- Colli di Conegliano　赤、パッシート
- Colli Euganei Fior d'Arancio
  白、スプマンテ、パッシート
- Conegliano Valdobbiadene-Prosecco　白
- Lison　白
  ※かつてのTocai、フリウリ・
  ヴェネツィア・ジューリア州と共有
- Montello Rosso　赤
- Piave Malanotte　赤
- Recioto della Valpolicella　赤
- Recioto di Gambellara　白
- Recioto di Soave　白、スプマンテ
- Soave Superiore　白

Friuli Venezia Giulia

- Colli Orientali del Friuli Picolit　白
- Lison　白　※かつてのTocai、ヴェネト州と共有
- Ramandolo　白
- Rosazzo　白

Emilia-Romagna

- Colli Bolognesi Calssico Pignoletto　白
- Romagna Albana　白

Abruzzo

- Montepulciano d'Abruzzo Colline Teramane　赤

Puglia

- Castel del Monte Bombino Nero　赤
- Castel del Monte Rosso Riserva　赤
- Castel del Monte Nero di Troia Riserva　赤
- Primitivo di Manduria dolce naturale　赤

Basilicata

- Aglianico del Vulture Superiore　赤

Sicilia

- Cerasuolo di Vittoria　赤

Campania

- Aglianico del Taburno　赤、ロゼ
- Fiano di Avellino　白
- Greco di Tufo　白、スプマンテ
- Taurasi　赤

Lazio

- Cannellino di Frascati　白
- Cesanese del Piglio　赤
- Frascati Superiore　白

Bar

前菜 / Antipasto

プリモピアット / Primo Piatto

セコンドピアット / Secondo Piatto

付け合わせ / Contorno

ドルチェ / Dolce

素材、特徴、基礎知識 / conoscenze principali

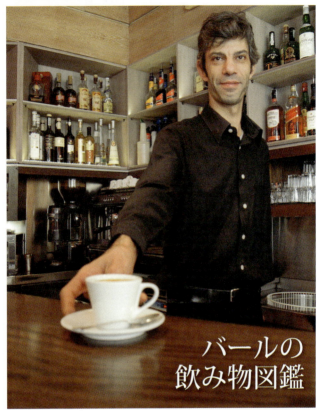

バールの飲み物図鑑

イタリア大衆文化の象徴ともいえるバールはコーヒーやジュースなどのソフトドリンクからワイン、ビールなどのアルコール類、さらには菓子やパニーノなどの軽食もとれるスペースで、イタリア人にとってバールに通うことは社交の一部である。基本的に立ち飲み＋数席のテーブル、という構成で語源は英語の「バー」と同じ。これは禁酒法時代にアルコールを販売するカウンターが厳重に保護されていたので「バリア」からくるという説と、カウンターには手元と足下、2本の横棒「バー」があるから、という説がある。バールは各自治体によって数が制限され、許認可制。バールで働くスタッフはバリスタと呼ばれ、エスプレッソ・マシンを扱って素早くコーヒーを提供するのが主な仕事である。

Caffè
バールのコーヒー

エスプレッソ

Espresso

イタリア・コーヒー界の花形で、バールでは専用のエスプレッソ・マシンで高圧で抽出する。濃厚かつ芳しいコーヒーはごく少量、デミタスで提供される。砂糖を加えることで甘、苦、酸のバランスがとれた味となる。

カップッチーノ

Cappuccino

大きめのカップにエスプレッソを注ぎ、蒸気で泡立てた牛乳を注いだコーヒー。イタリアでは通常朝食と一緒に飲むことが多く、レストランで食後に注文することはまずない。その名はカプチン派修道士の焦げ茶色の僧服からきている。

カフェ・マッキアート

Caffè macchiato

デミタスに入れたエスプレッソに、泡立てた牛乳を少量トッピング、カップッチーノの小型版ともいえる。マッキアートとは「染みをつけた」という意味で、コーヒー上の牛乳の泡が染みのように見えることに由来する。

カフェ・ラッテ

Caffè latte

おおぶりのグラスに注いだエスプレッソにホットミルクを加えたもの。よく似た飲み物にラッテ・マッキアートがあるが、これはホットミルクにエスプレッソをごくごく少量「染みをつけた＝マッキアート」程度に加える。

マロッキーノ

Marocchino

サヴォイア公国時代のピエモンテ州のカフェで生まれたとされる、いわばミニ・カップッチーノ。エスプレッソ、泡立てた牛乳の上にカカオ・パウダーをふりかける。バールによってさまざまなバリエーションがある。

チョッコラータ

Cioccolata

エスプレッソ、牛乳、砂糖、カカオもしくはチョコレートで作る冬のコーヒー飲料。バールだけでなく、チョコレート専門店の店先などでも、冬になると「チョッコラータあります」という張り紙をみかけるようになる。

食前酒、食後酒

アペリティーヴォ

Aperitivo

食前酒

一般的に食事の前に飲むアルコール飲料は「アペリティーヴォ（食前酒）」と呼ばれる。レストランなどではプロセッコやフランチャコルタなどのスパークリングワインが一般的だが、イタリアではレストランに出掛ける前にバールでアペリティーヴォをとることも多い。バールでのアペリティーヴォで一般的なのは「カンパリソーダ」や、白ワインやスパークリングワインを炭酸水で割り、カンパリなどのリキュールを加えた「スプリッツ」。オリジナルのアペリティーヴォを提供しているバールもある。近年イタリアのバールはアペリティーヴォ・ブーム。夕方の一定の時間帯に食前酒を頼んだ客にはもれなくブッフェ形式のさまざまな軽食が無料で提供され、"ハッピーアワー"とも呼ばれる。

ディジェスティーヴォ

Digestivo

食後酒

アペリティーヴォがレストラン以外にバールなどで飲むことが多いのに比べ、「ディジェスティーヴォ（食後酒）」はレストランで注文するのが一般的。あるいは店側からサービスで提供されることもある。代表的な食後酒としてブドウの搾り滓を蒸留した「グラッパ」、レモンの皮をアルコール、砂糖に漬けた「リモンチェッロ」、さまざまな薬草を砂糖とともにアルコールに漬けた「アマーロ」、同じく甘口リキュールとして「ストレーガ」「ガッリアーノ」「サンブーカ」などがある。特にアマーロは地方色のあるものから自家製まで多くの種類が作られており「アヴェルナ」「ラマゾッティ」「モンテネグロ」など。甘口デザートワインには「パッシート」「ヴィンサント」など多くの種類がある。

イタリア料理基礎知識

Conoscenze basilari della cucina italiana

イタリア料理とは、ひと言でいえばイタリア各地の郷土料理の集合体であり、その多様性には際限がない。とはいえ、料理や料理を提供する店に関するベーシックな部分では共通する点もある。それをイタリア料理基礎知識として覚えておくと、イタリア料理への理解がぐっと深まる。

① 料理店のカテゴリー

イタリア料理店は、伝統的にはその格式やスタイルによって分類される。しかし、その線引きはかなり曖昧で、特に高級店かどうかはカテゴリーとは無関係である。また、日本のように、鮨、天ぷら、焼き鳥などといった専門店化することは本来なかったが、近年はワインバー・レストランやパニーノ店など、テーマを明確にする店が増えている。

伝統的

リストランテ Ristorante
総括的にはエレガントな雰囲気の高級店。かつてはテーブルクロスがかかっていればリストランテ、といわれたこともあるが、現代では必ずしもそうとはいえない。

トラットリア Trattoria
食堂と訳されることもある、庶民的な料理店を指す。伝統料理や地方料理を供するのが一般的だが、モダンな創作料理を出すところもある。

オステリア Osteria
居酒屋、食堂の意。オステ oste とは、宿や飲食店の主人(ホスト)のこと。トラットリアよりも酒場的なイメージがあるが、料理が充実している場合も少なくなく、現代ではトラットリアとの違いはほとんどない。

バール Bar
スタンディングでエスプレッソやソフトドリンク、ワインやグラッパなどの飲み物、パニーノや菓子パンなどの軽食を提供する店。テーブル席がある場合も多い。朝から夜まで通し営業をするのが一般的。また、夕方からはハッピーアワーと称してカウンターに簡単なスナックを並べ、飲み物を頼めば、フリーで食べられるようにしているところも多い。

ピッツェリア Pizzeria
ピッツァの店。多くはピッツァ以外にも、前菜、パスタ、メイン料理を供するが(リストランテ・ピッツェリアとも呼ぶ)、ピッツァのみという店もある。この場合は、円形のピッツァのほか切り売りのピッツァ、またサイドオーダーとして揚げ物も用意しているところがある。ほとんどのピッツェリアではテイクアウトが可能。

地域的

バーカロ Bacaro
ヴェネツィア特有の居酒屋。スタンディングで、グラスワイン(オンブラと呼ぶ)と小皿にのせたつまみ料理

(チケーティ)を楽しむ。奥にテーブル席がある場合も多い。

トリッパイオ Trippaio
フィレンツェの牛モツ専門の屋台。牛の第二胃袋のトリッパ(ハチノス)や第四胃袋のランプレドット(ギアラ)を香味野菜とともに茹で、そのまま、あるいはパニーノで提供する。サルサ・ヴェルデ(イタリアンパセリのグリーンソース)、サルサ・ピッカンテ(唐辛子ソース)を好みで添える。

フリッジトリア Friggitoria
揚げ物専門店。カンパーニア州など南部に多い。揚げピッツァを始め、クロケッテ(コロッケ)、アランチーノ(ライスコロッケ)などいろいろな揚げ物を揃えている。その場で立ったまま食べたり、テイクアウトする人も多い。

ピアディネリア Piadineria
エミリア・ロマーニャ州の東部ロマーニャ地方に多い、ピアディーナと呼ばれる薄焼きパンのサンドイッチ専門店。

フォルネッロ Fornello
プーリア州のムルジャ地方やイトリア渓谷地方に見られる、精肉店に併設された肉料理店。

新傾向、複合的

ビストロ Bistrot
本来はフランスの居酒屋的食堂を指す言葉だが、パリなど都市部を中心にクリエイティブな料理を掲げるビストロが増えたことに影響を受け、イタリアでもビストロを冠する店が少しずつ出現している。概して、モダンな料理をリーズナブルな価格で提供することが多い。

エノテカ・ワイン・バー、エノテカ・リストランテ
Enoteca wine bar,
Enoteca ristorante
エノテカとは酒店のこと。ワインを販売しつつ、グラスワインや簡単なつまみを提供したり(ワイン・バー)、ワインに合わせた料理を提供する(リストランテ)。

ラウンジ・バー Lounge bar
ビストロ同様、コンセプトは外国からの輸入。ソファやローテーブルがあることが多く、カクテルを売りにしている場合が多い。簡単なつまみだけを出すところから、凝った創作料理を出すところまでさまざま。

ヴィネリア、ヴィナイオ
Vineria, Vinaio
かつては、立ち飲みのワイン酒店を指したが、現代では、グラスワインとちょっとした料理を出すのが一般的。パニーノやサラミ、チーズのみという店が多いが、パスタなど温かい料理を出す店もある。

ビレリア Birreria
ビールを飲み物の中心とする店。2000年代以降、イタリアはクラフトビールブームで、さまざまなビールを揃えるビレリアが増加。それ以前は、ビールを飲ませる店はパブと称したが、つまみや料理がないところも多く、対してビレリアはビールに合わせた料理を用意する傾向がある。

パニノテカ Paninoteca
パニーノ専門店。2008年のリーマンショック以降、安くボリューム満点のパニーノを謳うパニノテカが増えた。と同時に、具材やパンを吟味したグルメ・パニーノを提供する店も登場。特に都市部ではいろいろなタイプのパニノテカが存在する。

② 料理スタイルの カテゴリー

1980年代に、ミラノでグアルティエロ・マルケージによって、「新イタリア料理」（Nuova Cucina Italiana）が提唱される以前、イタリアには基本的に伝統的な地方料理しか存在しなかった。もちろん、王侯貴族のための宮廷料理や、ブルジョワジーと呼ばれる富裕層向けの高価な食材を使った料理もあったが、伝統料理の域を出るものではなかった。マルケージによる新イタリア料理とは、そうした伝統とは切り離された、新しいコンセプト、新しい技術を用いた料理であった。以降、こうしたコンセプトや技術を重視する料理の世界が展開している。

モデルナ、コンテンポラネア
Moderna, Contemporanea
モデルナとはモダン、現代的、コンテンポラネアとは、コンテンポラリー、同時代性という意味だが、どちらも料理人が時代の気分に基づき、高度な技術を用いて生み出した、新感覚の料理を指す。フランスやスペイン、北欧などの高度に発達したガストロノミー文化の影響を受けており、分子料理などもこのカテゴリーに含まれる。

クレアティーヴァ Creativa
クリエイティブという意味で、モデルナやコンテンポラネアよりも以前に使われるようになった言葉。伝統から離れ、独創的な発想で構築された料理を指す。伝統を無視するというニュアンスを感じ取る料理人もおり、自身の料理はクレアティーヴァではなく、コンテンポラネアであるとする人もいる。

トラディツィオナーレ、 クラッシカ
Tradizionale, Classica
前者は伝統的、後者は古典的と訳し、厳密にいえばこの二つは異なる。その土地の伝統に基づいているのがトラディツィオナーレで、土地とは特に関係はないが、昔からの料理を踏襲しているのがクラッシカである。特に第二次世界大戦前後から1970年代頃までの料理をクラッシカと呼ぶことが多い。

インテルナツィオナーレ
Internazionale
インターナショナルのことで、文字どおり、イタリア料理から離れ、世界のレストランシーンで作られている"今"を象徴する料理。無国籍的、あるいは多国籍的な発想で、素材も縦横無尽に駆使する。モデルナやコンテンポラネアと重なる部分も多い。

ヴェジェタリアーナ Vegetariana
ベジタリアンは、モダン料理を掲げる店では不可欠な要素。最近では伝統料理のトラットリアなどでも、メニューにベジタリアン向けの料理にはその旨を示す印をつけているところも多い。より厳密な菜食主義（ビーガン、イタリア語ではヴェガーノ）向けの料理を用意する店も増えている。

【食前や食中、食後の基本的な飲み物】

軽いカクテルや、スプマンテのようなスパークリングワインが食前酒（アペリティーヴォ Aperitivo）として好まれる。レストランに出かける前、バールなどで一杯飲むという人も多い。食事とともに飲むのはワインが圧倒的に多いが、上質なクラフトビールをメニューに揃える店も増えており、ビールを食中酒とする場合もある。食後のスタンダードはエスプレッソ。カップチーノは本来、朝食時の飲み物であり、満腹の時には飲まないのだが、外国人旅行者に慣れている都市部の店ではカップチーノの注文にも応じるのが普通。伝統的な食後酒はグラッパ（ブドウを搾った後に造る蒸留酒）やアマーロ（薬草酒）。エスプレッソにグラッパを少々加えたものはカフェ・コレットと呼ぶ。

③ 基本的なメニュー構成

イタリア料理のメニューには、ほかのヨーロッパの国にはない、パスタを中心とする"プリモピアット"という項目が存在する。ゆえに、フランス料理では前菜とメインという二皿構成が基本だが、イタリア料理では、前菜、プリモ、セコンドという三皿構成が基本となる。しかし、必ずしも三皿食べなければならないということではなく、前菜とプリモ、プリモとセコンド、前菜とセコンドといった二皿でも構わない。ただし、プリモを二つといった頼み方は通常しない。また、昔は一皿を二人あるいは複数人でシェアするという発想はなかったが、都市部の店ではシェアに応じるのは一般的になりつつある。コース料理となると、前菜の前にアミューズブーシュが供されたり、前菜、プリモ、セコンドも2〜3種類ずつ、それぞれ少量で供されるのが一般的。なお、コース料理では基本的にシェアはしない。

アンティパスト Antipasto
前菜。パスタやスープの前に軽く食べて食欲を促す役割を持つ。ポーションは軽いことが多いが、店によっては前菜にもかなりのボリュームを持たせるところもある。なお、前菜の料理とセコンドの料理は線引きが曖昧なものも多く、前菜としてメニューに載っている料理が、別の店ではセコンドに（あるいはコントルノに）載っているという場合も見受けられる。

プリモピアット Primo Piatto
前菜の後、セコンドの前に食べる料理。パスタ、スープ、リゾットなど、おもに炭水化物系が中心。略してプリモと呼ぶこともある。お腹いっぱい食べることが美徳であった昔に比べ、昨今は量を控えめにする店も多い。また、ハーフポーションで提供する店もある。

セコンドピアット Secondo Piatto
プリモの後に供される、肉料理、魚料理などメインとなる料理。略してセコンドと呼ぶこともある。最近は、ヘルシー志向を受けて野菜料理もセコンドに加えるところが増えている。

コントルノ Contorno
付け合わせ。野菜料理が中心で、セコンドと一緒にサーブされるのが基本だが、前菜として食べたいというオーダーに応じてくれるところも多い。

ドルチェ Dolce
デザート。コーヒーや紅茶など食後の飲み物は、ドルチェを食べた後に注文するのが普通。対して、デザートワインはドルチェと一緒に供される。

【残したものを持ち帰るのは恥ずかしい?】

イタリアでは、食べきれなかったものを残すことについて、もったいない、作った人に申し訳ない、という発想はない。ゆえに、シェアするとか、残りものを持ち帰るという習慣はなかった。逆に、残りものの持ち帰りを申し出るのは恥ずかしいこととされてきた。しかし、近年はフード・ロス（食品廃棄）への問題意識が高まっており、まだ十分に食べられるものは持ち帰ろうという考えが少しずつ広まっている。店にとっては、持ち帰った後の食品の衛生面が気になるところだが、持ち帰りについて快く応じるところは増えている。しかし、すべての店が対応しているわけではなく、ドギーバッグ（あるいはアルミホイルやプラスチック容器など）の用意がない場合もあるので、客側も無理に持ち帰りを要求するのではなく、双方にとって良い結論になるようにしたい。

④ メニューの読み方

日本のイタリア料理店では、メニューの料理名はほとんど日本語に訳してあるが、イタリア旅行ではメニューを少しでも理解するために、基本的な料理名や、料理名の法則を知っておくと便利である。特に、調理法を表す単語や前置詞の役割を理解しておくと旅先で大いに役立つ。イタリア語はほとんどがローマ字読みであり、曖昧母音もないため、日本人には発音しやすいのが利点である。メニューに書いてあるものを素直に読めば、大抵通じる。

料理名によく使われる前置詞

e（エ）
英語の and に相当。〜と〜。　**[例]** Burro e acciughe　バターとアンチョビ、Pasta e Fagioli　パスタと豆（のスープ）

con（コン）
英語の with に相当。〜と（ともに）、〜添え。　**[例]** Pasta con le sarde　イワシのパスタ、Baccalà mantecato con polenta　バッカラ・マンテカートのポレンタ添え

di（ディ）
〜の。英語の of に相当する所有や所属を示す。　**[例]** Insalata di carciofi　アーティチョークのサラダ、Fritto di gamberi e calamari　エビとイカのフリット

a（ア）
〜で、〜によって、〜風に。手段、方法、方式を表す。多くはその後に来る名詞の定冠詞と結合して、al（アル）、alla（アッラ）、agli（アッリ）、alle（アッレ）と変化する。　**[例]** Tortellini alla panna　生クリームのトルテッリーニ、Spaghetti alle vongole　アサリのスパゲッティ、Risotto alla milanese　ミラノ風リゾット、Olive all'ascolane　アスコリ風オリーブのフライ

【調理法は、前置詞の a で示されることが多い】

al forno（アル・フォルノ）オーブン焼き
alla griglia（アッラ・グリッリア）グリル
al vapore（アル・ヴァポーレ）蒸す
al cartoccio（アル・カルトッチョ）包み焼き

ほかにも以下のような言葉がある
arrosto（アロスト）ロースト

gratinato（グラティナート）グラタン風に焼く
stufato（ストゥファート）蒸し煮、シチュー
saltato（サルタート）炒める
marinato（マリナート）マリネ
sott'olio（ソットーリオ）オイル漬け
sott'aceto（ソッタチェート）酢漬け
sotto sale（ソットサーレ）塩漬け

⑤ 食材の原産地呼称の表示

日本でも近年、農林水産物、飲食料品の原産地呼称（GI＝地理的表示）の法が整備され、国が土地固有の食品の名称を認定するようになったが、イタリアやフランスはいち早く原産地呼称認定を採用した国々であり、現在は EU 圏内で共通の関連する法律が定められている。原産地呼称を明確にすることで、伝統的な食品の生産を守り、消費者への品質を保証し、同時に模倣品などの不正を取り締まることができる。2015 年 12 月の時点で、イタリアには 278 品目の原産地呼称食品が存在し、その食品の包装には EU で認定されたマークを付すことができる。

DOP
Denominazione di Origine Protetta　原産地保護呼称

特定の食品について、国が定め、国が管理する認定証の一つ。特定の土地で伝統的な方法を用いて製造する食品の保護が目的。原産地特性とは、気候などの環境、長年培われてきた製造方法を指す。製造は一貫してその特定の土地のなかで行われなければならず、一工程でもその土地以外で行われたり、その土地以外で似たようなものが製造された場合、原産地を含めたその呼び名を使用することを禁じ、ひいては消費者がまがいものに惑わされることを防ぐ。特に手間のかかる伝統的な食品は技術継承のための後継者不足などの問題もあり、保護しなければ存続の危機にさらされる。食品の歴史的文化的側面を守るというのが使命である。

ワインの DOC (Denominazione di Origine Controllata　統制原産地呼称) から発展して食品にも波及した制度で、EU 内では共通の認証として保護され、さらには GATT (関税及び貿易に関する一般協定) に合意するほかの国にも適用される。

例：Parmigiano Reggiano, Mozzarella di Bufala Campana, Prosciutto di Parma, Aceto Balsamico Tradizionale di Modena, Aceto Balsamico Tradizionale di Reggio Emilia

IGP
Indicazione Geografica Protetta
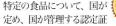
地域保護表示

特定の食品について、国が定め、国が管理する認定証の一つ。食品の品質保護と保証という目的は DOP と同じだが、土地特定よりも製造方法の特定に重点を置いているところが異なる。その食品の発祥と伝統を守るため、定められた製造方法を守ることが義務づけられているが、すべての製造工程が特定の土地のなかで行われなくとも良い。地域名の範囲は幅広く、ごく小さな町村から、州、国までさまざまある。

例：Aceto Balsamico di Modena, Mortadella Bologna, Pomodoro di Pachino

STG
Specialità Tradizionali Galantite　伝統特産物保証

特定の地域で作られる食品が、類似するものと明らかに異なる性質と伝統を持つことを示す認定。DOP、IGP との違いは、製造方法に重点を置き、その食品の発祥の地であるかどうかを問わないこと。同種の食品が別の土地で作られていてもよく、また、その土地ではなくよそから根づいたものであっても、ほかのものとは明らかに異なる性質を示せば良い。

例：Pizza Napoletana, Mozzarella

イタリア料理の近現代史

　1800年代にイタリア全土が揺れた国家統一運動（リソルジメント）は1861年のイタリア統一で完成。古代ローマ時代以来となる再統一をきっかけにイタリアは近代国家としての道を歩み始める。また、この時代はイタリア料理界においては大きな変革期であった。南北格差が生まれ、貧困に直面した南イタリアからは諸外国、特にアメリカへの移民が急増。ピッツァ、スパゲッティといったイタリア料理はアメリカ社会に溶け込んでいった。戦後日本に伝わったイタリア料理の多くは、アメリカ経由のイタリア料理だった。一方北イタリアは社会が安定して外食の頻度も高くなり、現在イタリア各地に残る老舗料理店の多くは19世紀末に誕生した。

　ペッレグリーノ・アルトゥージが1891年に出版した『La scienza in cucina e l'arte di mangiar bene』（厨房の科学と美食の技法）は主に北イタリアの郷土料理を集めたレシピ集で、現在も版を重ねる超ロングセラー。従来の宮廷料理人向けでなく、一般庶民も読める史上初めてのレシピ集は、俗に「アルトゥージ本」として広く親しまれている。しかし、南イタリアの料理がほとんど紹介されていないことから、料理の世界にも初めて南北格差を持ち込んだともいわれている。

ペッレグリーノ・アルトゥージ

　19世紀後半の社会変革、二度の世界大戦を経て荒廃、やがて奇跡の復興を遂げたのはイタリアも日本も全く同じだが、1950年代から60年代にかけてイタリアは大観光時代を迎える。「ローマの休日」（1953年）、「ローマのアメリカ人」（1954年）、「甘い生活」（1960年）といった映画の影響でアメリカ人が大挙してローマを訪れるようになったのだ。当時ローマでアメリカ人に大人気だったレストラン「アルフレード」の名物「フェットゥチーネ・アルフレード」は手打ちパスタをバターとパルミジャーノで和えた濃厚な料理だった。やがてアメリカでもこのパスタはブームとなり、多くのイタリア料理店がメニューに取り入れた。現在もリトルイタリーにある老舗イタリア料理店では「プッタネスカ」「ミートボール」と並ぶニューヨークの三大人気定番パスタとしてメニューに残っている。

　70年代になるとフランスで始まったヌーベル・キュイジーヌがイタリア料理界にも影響を及ぼし、ベシャメルソースや生クリームなどそれま

ハリーズ・バー

であまり使われなかった食材が流行する。ヴェネツィアの「ハリーズ・バー」はこの時代のイタリア料理界をリードした名店で「カネロニのベシャメル」「オマール海老のビスク風リングイネ」「海老カレー」など多くの定番料理が長らくイタリア料理のスタンダードとして愛された。

80年代に登場するのが、ヌーベル・キュイジーヌを進化させた新イタリア料理「ヌオーヴァ・クチーナ・イタリアーナ」を標榜したグアルティエロ・マルケージ。1985年には史上初めてイタリアにミシュラン3つ星をもたらした。日本の懐石料理を取り入れた斬新で大胆な料理はそれまでのフランス料理依存から脱却。イタリア料理が本来持つ地域性や郷土料理を重視、再評価する姿勢と地中海ダイエットブームがリンクし、世界的なイタリア料理ブームのきっかけとなった。

その頃にマルケージの厨房で働いたカルロ・クラッコ、ダヴィデ・オルダーニ、アンドレア・ベルトン、エンリコ・クリッパといった若手料理人はマルケージ・チルドレンを意味する「マルケジーニ」と呼ばれ現在はトップシェフとして活躍している。

2000年代になるとフェラン・アドリアらが科学を応用して生み出した新スペイン料理の影響を受け、それまで修業といえばフランス一辺倒だったイタリア料理人の多くがスペインで学び、その技をイタリア料理に取り入れるようになる。現在ミシュラン3つ星はじめあらゆるガイドブックやランキングでイタリア一に輝く「オステリア・フランチェスカーナ」のマッシモ・ボットゥーラはフェランの影響を受け、郷土料理を分解、再構築する独自の手法を生み出した。ボットゥーラは非マルケジーニの代表であり、それまでのマルケージ派主流のイタリア料理界にとってターニング・ポイントともなっている。

グアルティエロ・マルケージ

また、ボットゥーラが現在取り組んでいるのが食品廃棄（フード・ロス）に対し料理界全体で考えるという世界的なムーブメント。2015年のミラノ万博のテーマは地球全体の食環境の改善だったが、戦後の貧困から飽食の時代を経て、今後イタリア料理がどうあるべきか、食の貧富の格差をどう解決するかを考える指針となりつつある。

マッシモ・ボットゥーラ

肉の部位別イタリア語
Sezionatura di carne

> **牛** ボヴィーノ (Bovino)
> 牛肉の呼び名は地方ごとに異なるので以下はイタリア全土で標準語として使用されている部位名を表記した。肉牛は Bovino =ボヴィーノ、乳牛は Mucca =ムッカ、と区別される。成牛肉は Manzo =マンツォ、仔牛肉は Vitello =ヴィテッロ、さらに育った仔牛肉は Vitellone= ヴィテッローネと呼ばれる。

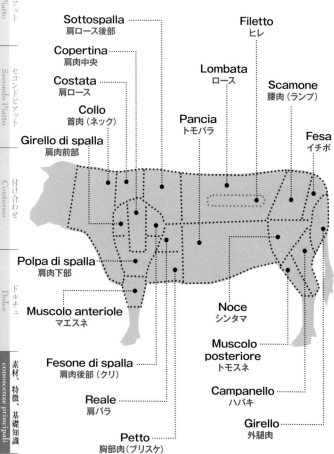

- Sottospalla 肩ロース後部
- Copertina 肩肉中央
- Costata 肩ロース
- Collo 首肉（ネック）
- Girello di spalla 肩肉前部
- Polpa di spalla 肩肉下部
- Muscolo anteriole マエスネ
- Fesone di spalla 肩肉後部（クリ）
- Reale 肩バラ
- Petto 胸部肉（ブリスケ）
- Filetto ヒレ
- Lombata ロース
- Pancia トモバラ
- Scamone 腰肉（ランプ）
- Fesa イチボ
- Noce シンタマ
- Muscolo posteriore トモスネ
- Campanello ハバキ
- Girello 外腿肉

豚 スイーノ (Suino)

一般的な豚の呼び名は Maiale ＝マイアーレだが、豚肉そのものは Suino ＝スイーノと呼ぶ。牛肉に比べると呼び名に関して地域差は少なく、以下の表記もイタリア全土で一般的に使用されている。仔豚は Maialino ＝マイアリーノ、乳飲み仔豚は Maialino di latte ＝マイアリーノ・ディ・ラッテ。

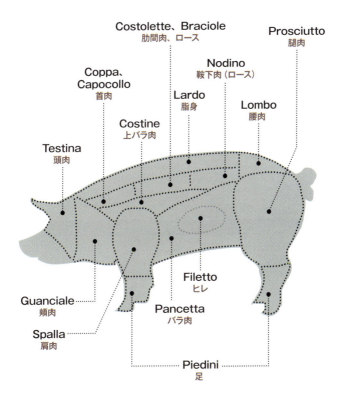

- Costolette、Braciole 肋間肉、ロース
- Prosciutto 腿肉
- Coppa、Capocollo 首肉
- Nodino 鞍下肉（ロース）
- Lardo 脂身
- Lombo 腰肉
- Costine 上バラ肉
- Testina 頭肉
- Filetto ヒレ
- Guanciale 頬肉
- Pancetta バラ肉
- Spalla 肩肉
- Piedini 足

イタリア料理の基礎単語辞典
Glossario

基本的な調理法		
affumicato	アッフミカート	薫製にした
al cartoccio	アル・カルトッチョ	紙（アルミホイル）包み焼き
al forno	アル・フォルノ	オーブン焼き
alla brace	アッラ・ブラーチェ	炭火焼き
alla gratella	アッラ・グラテッラ	網焼き
alla griglia	アッラ・グリッリア	網焼き
al vapore	アル・ヴァポーレ	蒸した
arrosto	アロスト	ロースト
bollito	ボッリート	茹でた（肉）
brasato	ブラサート	蒸し煮
cotto	コット	加熱した（焼いた、煮た）
fritto	フリット	揚げもの
gratinato	グラティナート	グラタンにした
lesso	レッソ	茹でた（肉）
saltato	サルタート	ソテーした
sott'aceto	ソッタチェート	酢漬けにした
sott'olio	ソットーリオ	油漬けにした
stufato	ストゥファート	蒸し煮した、シチュー煮にした
焼き加減		
al sangue	アル・サングエ	レア
media	メディア	ミディアム
ben cotta	ベン・コッタ	ウェルダン
素材		
abalone	アバローネ	アワビ
abbacchio	アッバッキオ	乳飲み仔羊
acciuga	アッチューガ	アンチョビ
aceto	アチェート	酢
aglio	アーリオ	ニンニク
agnello	アニエッロ	仔羊
albicocca	アルビコッカ	アンズ
albume	アルブーメ	卵白
alchechengi	アルケケンジ	ほおずき
alga	アルガ	海藻
alice	アリーチェ	ヒシコイワシ、カタクチイワシ
alloro	アッローロ	月桂樹

amarena	アマレーナ	サワーチェリー
ananas	アナナス	パイナップル
anatra	アナトラ	カモ
anguilla	アングイッラ	ウナギ
anguria	アングーリア	スイカ、 別名ココーメロ cocomero
anice	アニチェ	アニス
animella	アニメッラ	胸腺肉
arachide	アラーキデ	ピーナッツ
aragosta	アラゴスタ	イセエビ
arancia	アランチャ	オレンジ
aringa	アリンガ	ニシン
arista	アリスタ	豚の骨付き背肉
asino	アスィノ	ロバ肉
asparago	アスパラゴ	アスパラガス
astice	アスティチェ	オマールエビ
avena	アヴェーナ	エンバク(オート麦)
baccalà	バッカラ	塩蔵鱈
barbabietola	バルバビエトラ	テンサイ
basilico	バジリコ	バジリコ
bianchetto	ビアンケット	シラス
bieta (bietola)	ビエタ(ビエトラ)	フダンソウ
birra	ビーラ	ビール
biscotto	ビスコット	ビスケット
bonito	ボニート	カツオ
bottarga	ボッタルガ	カラスミ
bovino	ボヴィーノ	牛の
bresaola	ブレザオラ	塩漬けの後干した牛肉
brioche	ブリオッシュ	朝食などに食べる 甘い生地のパン
broccolo	ブロッコロ	ブロッコリー
brodo	ブロード	ブイヨン、スープ
bue	ブエ	牛、牛肉
bufalo	ブファロ	水牛
burro	ブーロ	バター
cacio	カーチョ	チーズ
caffè	カッフェ	コーヒー
calamaro	カラマーロ	ヤリイカ

capasanta	カパサンタ	ホタテ貝
capitone	カピトーネ	大ウナギ
capone	カポーネ	ホウボウ
cappone	カッポーネ	去勢鶏
capra	カプラ	やぎ
capretto	カプレット	仔やぎ
capriolo	カプリオーロ	のろ鹿
caramella	カラメッラ	飴
caramello	カラメッロ	カラメル
carciofo	カルチョーフォ	アーティチョーク
carne	カルネ	肉
carota	カロータ	ニンジン
carpa	カルパ	コイ
castagna	カスターニャ	栗
cavallo	カヴァッロ	馬
caviale	カヴィアーレ	キャビア
cavolfiore	カーヴォルフィオーレ	カリフラワー
cavolo	カーヴォロ	キャベツ
cece	チェーチェ	ひよこ豆、エジプト豆
cedro	チェードロ	シトロン
cefalo	チェーファロ	ボラ
cereale	チェレアーレ	穀類
cernia	チェルニア	ハタ
cervello	チェルヴェッロ	脳みそ
cervo	チェルヴォ	鹿
cetriolo	チェトリオーロ	キュウリ
champignon	シャンピニオン	マッシュルーム
cicoria	チコーリア	チコリ
ciliegia	チリエージャ	サクランボ
cinghiale	チンギアーレ	いのしし
cioccolata	チョッコラータ	チョコレート飲料（ココア）
cioccolato	チョッコラート	チョコレート
cipolla	チポッラ	タマネギ
cipollina	チポッリーナ	小タマネギ
coniglio	コニリオ	うさぎ
costata costoletta	コスタータ、コストレッタ	肋間肉
cotoletta	コトレッタ	カツレツ

cozza	コッツァ	ムール貝
crema	クレーマ	クリーム
cren	クレン	ホースラディッシュ
crespella	クレスペッラ	クレープ
crostacei	クロスターチェイ	甲殻類
cumino	クミーノ	クミン
curry	カリー	カレー（粉）
dattero	ダッテロ	デーツ（なつめやしの実）
dentice	デンティチェ	タイ、マダイ
equino	エクイーノ	馬の
erba	エルバ	草、ハーブ
fagiano	ファジャーノ	きじ
fagiolino	ファジョリーノ	さやいんげん
fagiolo	ファジョーロ	いんげん豆
faraona	ファラオーナ	ほろほろ鳥
farina	ファリーナ	小麦粉、粉
farro	ファーロ	スペルト小麦
fava	ファーヴァ	そら豆
fegato	フェーガト	レバー
fico	フィーコ	イチジク
finocchio	フィノッキオ	フェンネル
formaggio	フォルマッジョ	チーズ
fragola	フラーゴラ	イチゴ
frattaglie	フラッタッリエ	内臓、もつ
frumento	フルメント	麦、小麦
fungo	フンゴ	キノコ
gallina	ガッリーナ	雌鶏
gallo	ガッロ	雄鶏
gamberetto	ガンベレット	小エビ
gambero	ガンベロ	エビ
ghiaccio	ギアッチョ	氷
ginepro	ジネープロ	ジュニパー、ねずの実
giuggiola	ジュッジョラ	なつめの実
granchio	グランキオ	カニ
grano	グラーノ	穀物
grasso	グラッソ	脂肪
grongo	グロンゴ	アナゴ
guancia	グアンチャ	頬肉

indivia	インディーヴィア	アンディーブ
insalata	インサラータ	サラダ
lampone	ランポーネ	ラズベリー
lampredotto	ランプレドット	牛の第四胃袋、ギアラ
lampuga	ランプーガ	シイラ
lardo	ラルド	豚の脂身
latte	ラッテ	牛乳
lattuga	ラットゥーガ	レタス
legume	レグーメ	豆
lenticchia	レンティッキア	レンズ豆
lepre	レープレ	野うさぎ
lievito	リエヴィト	酵母
limone	リモーネ	レモン
liquirizia	リクイリツィア	カンゾウ
liquore	リクオーレ	リキュール
lombata	ロンバータ	肋間肉、ロース
luccio	ルッチョ	カワカマス
lumaca	ルマーカ	かたつむり、エスカルゴ
luppolo	ルッポロ	ホップ
maggiorana	マッジョラーナ	マージョラム
maiale	マイアーレ	豚
maionese	マイオネーゼ	マヨネーズ
mais	マイス	とうもろこし
maizena	マイツェーナ	コーンスターチ
malto	マルト	麦芽
mandarino	マンダリーノ	みかん
mandorla	マンドルラ	アーモンド
manzo	マンツォ	牛肉
margarina	マルガリーナ	マーガリン
marmellata	マルメッラータ	ジャム
marrone	マローネ	栗
marzapane	マルツァパーネ	マジパン
mazzancolla	マッツァンコッラ	クルマエビ
mela	メーラ	リンゴ
melagrana	メラグラーナ	ザクロ
melanzana	メランザーナ	ナス
melone	メローネ	メロン
menta	メンタ	ミント

meringa	メリンガ	メレンゲ
merluzzo	メルルッツォ	メルルーサ
midollo	ミドッロ	骨髄
miele	ミエレ	はちみつ
miglio	ミッリオ	粟
milza	ミルツァ	脾臓
mirtillo	ミルティッロ	ブルーベリー
mora	モーラ	桑の実
moscardino	モスカルディーノ	イイダコ、小タコ
mostarda	モスタルダ	マスタード
mosto	モスト	発酵前の果汁
mucca	ムッカ	乳牛
muggine	ムッジネ	ボラ
muscolo	ムスコロ	すね肉
nasello	ナセッロ	タラ
neonata	ネオナータ	シラス
nervetti	ネルヴェッティ	仔牛のひざ、すねの軟骨
nespola	ネスポラ	ビワ
nocciola	ノッチョーラ	ヘーゼルナッツ
noce	ノーチェ	クルミ
oca	オーカ	がちょう
olio	オーリオ	油
oliva	オリーヴァ	オリーブの実
ombrina	オンブリーナ	イシモチ
orata	オラータ	タイ、クロダイ
origano	オリーガノ	オレガノ
ortica	オルティーカ	イラクサ
orto	オルト	菜園
orzo	オルツォ	大麦
osso	オッソ	骨
ostrica	オストリカ	牡蛎
ovolo	オーヴォロ	タマゴ茸
palamita	パラミータ	カツオ
palombo	パロンボ	ツノザメ、ホシザメ
pancetta	パンチェッタ	豚バラ肉の塩漬け
pane	パーネ	パン
panino	パニーノ	小さいパン
panna	パンナ	生クリーム

patata	パタータ	ジャガイモ
pecora	ペーコラ	羊
pepe	ペペ	胡椒
peperoncino	ペペロンチーノ	唐辛子
peperone	ペペローネ	ピーマン
pera	ペーラ	洋ナシ
persico	ペルシコ	カワスズキ
pesca	ペスカ	桃
pescanoce	ペスカノーチェ	ネクタリン
pesce	ペッシェ	魚
pesce spada	ペッシェスパーダ	メカジキ
piccione	ピッチョーネ	鳩
pinolo	ピノーロ	松の実
pisello	ピゼッロ	グリーンピース
pistacchio	ピスタッキオ	ピスタチオ
pollo	ポッロ	鶏
polpo	ポルポ	タコ
pomodoro	ポモドーロ	トマト
pompelmo	ポンペルモ	グレープフルーツ
prezzemolo	プレッツェーモロ	イタリアンパセリ
prosciutto	プロシュート	生ハム
prugna	プルーニャ	プラム
puntarella	プンタレッラ	プンタレッラ (チコリの一種)
quaglia	クアッリア	うずら
rabarbaro	ルバルバロ	ルバーブ
radicchio	ラディッキオ	ラディッキオ (チコリの一種)
rafano	ラーファノ	ホースラディッシュ
rana	ラーナ	かえる
rana pescatrice	ラーナペスカトリーチェ	アンコウ
rapa	ラーパ	カブ
ravanello	ラヴァネッロ	ラディッシュ
razza	ラッツァ	エイ
ribes	リベス	すぐり、レッドカラント
ricciola	リッチョーラ	ブリ
riso	リゾ	米
rognone	ロニョーネ	腎臓

rombo	ロンボ	ヒラメ
rosmarino	ロズマリーノ	ローズマリー
rucola	ルーコラ	ルーコラ
salame	サラーメ	サラミ
salmone	サルモーネ	サーモン
salsiccia	サルシッチャ	ソーセージ
salume	サルーメ	肉の塩漬け、加工品
salvia	サルヴィア	セージ
sampietro	サンピエトロ	マトウダイ
sarda	サルダ	イワシ
sardina	サルディーナ	イワシ
scalogno	スカローニョ	エシャロット
scarola	スカローラ	スカローラ (エンダイブの一種)
scorfano	スコルファノ	カサゴ
scorza	スコルツァ	木や果物の皮
sedano	セーダノ	セロリ
segale	セーガレ	ライ麦
selvaggina	セルヴァッジーナ	ジビエ
semola	セーモラ	セモリナ粉
senape	セナペ	辛子
seppia	セッピア	甲イカ、モンゴウイカ
sesamo	セザモ	ごま
sgombro	ズゴンブロ	サバ
sogliola	ソッリオラ	シタビラメ
soia	ソイア	大豆
sorbetto	ソルベット	シャーベット
spezie	スペツィエ	スパイス
spinacio	スピナーチョ	ホウレンソウ
stoccafisso	ストッカフィッソ	干鱈
storione	ストリオーネ	チョウザメ
succo	スッコ	果汁、絞り汁
suino	スイーノ	豚肉
surgelato	スルジェラート	冷凍食品
susina	スズィーナ	スモモ
tacchino	タッキーノ	七面鳥
taccola	タッコラ	(大きく平たい) サヤエンドウ

tartufo	タルトゥーフォ	トリュフ
tè	テ	茶
timo	ティーモ	タイム
tinca	ティンカ	コイの一種
tonnetto	トンネット	カツオ
tordo	トルド	つぐみ
toro	トーロ	雄牛
totano	トータノ	スルメイカ、ヤリイカ
trippa	トリッパ	牛の胃の総称、牛の第二胃袋
trota	トロータ	マス
tuorlo	トゥオルロ	卵黄
uovo	ウオヴォ	卵
uva	ウーヴァ	ブドウ
vacca	ヴァッカ	雌牛
vaniglia	ヴァニッリア	バニラ
ventresca	ヴェントレスカ	マグロの腹身、トロ
verdura	ヴェルドゥーラ	野菜
verza	ヴェルツァ	ちりめんキャベツ
visciola	ヴィショーラ	小粒のサワーチェリー
vitella	ヴィテッラ	若い雌牛
vitello	ヴィテッロ	仔牛
vongola	ヴォンゴラ	アサリ
würstel	ヴュルステル	フランクフルトソーセージ
yogurt	ヨーグルト	ヨーグルト
zafferano	ザッフェラーノ	サフラン
zampa	ザンパ	動物の足
zenzero	ゼンゼロ	ショウガ
zucca	ズッカ	カボチャ
zucchero	ズッケロ	砂糖
zucchina	ズッキーナ	ズッキーニ

※本項目の単語はすべて単数形で表記。イタリア語には単数形、複数形のほか、男性名詞、女性名詞の区別があり、基本的に以下のような変化となる。

男性名詞：(単) biscotto → (複) biscotti　**女性名詞**：(単) oliva → (複) olive
※なお、e で終わる単語は、男性名詞、女性名詞に関わらず、複数形が基本的に i で終わる。
男性名詞：(単) pane → (複) pani　**女性名詞**：(単) alice → (複) alici
※例外的な変化
男性名詞：(単) uovo → (複) uova　**女性名詞**：(単) carne → (複) carni
※ caffè、ananas、mais のように無変化のものもある。

索引 [第1部] 料理名50音順

【ア】

アーリオ・オーリオ・エ・ペペロンチーノ	35
アクアパッツァ	78
アスパラジ・アッラ・ビスマルク	84
アッパッキオ・アッロ・スコッタディート	67
アッパッキオ・アル・フォルノ	67
アッフェッターティ・ミスティ	18
アッラルピーナ	67
アッロ・スコッリオ	41
アニョロッティ	44
アマトリチャーナ	32
アマレッティ	98
アラビアータ	34
アランチーニ	28
アリーチ・フリッテ	79
アリーチ・マリナーテ	23
アリスタ	66
アル・ブーロ	35
アル・ポモドーロ	35
アンティパスト・ミスト	19
インヴォルティーニ・ディ・ペッシェ・スパーダ	82
インサラータ・ディ・オーヴォリ	89
インサラータ・ディ・カルチョーフィ	25
インサラータ・ディ・ネルヴェッティ	25
インサラータ・ディ・プンタレッレ	87
インサラータ・ディ・マーレ	23
ヴィテッロ・トンナート	64
ヴィニャローラ	87
ヴェルドーレ・ソットオーリオ	92
ウンブリチェッリ・アル・タルトゥーフォ	49
オッソブーコ	71
オッフェッレ	99
オリーヴェ・アッラスコラーナ	30
オレッキエッテ	52

【カ】

カヴァテッリ・エ・チコーリア	53
カスタニャッチョ	104
カチョ・エ・ペペ	35
カッサータ	104
カッソエウラ	73
カッチュッコ	80
ガット・ディ・パターテ	91
カネーデルリ	52
カネストレッリ	99
カプレーゼ	21
カポナータ	85
カルチョーフォ・アッラ・ジュディーア	86
カルチョーフォ・アッラ・ロマーナ	86
カルネ・クルーダ	64
カルパッチョ	64
カルボナーラ	33
カレ・ダニェッロ	66
カントゥッチ	100
カンノーリ	104
キアッキエレ	103
キタリーネ・アイ・ピゼッリ	46
グエッフス	105
クスクス	59
グラニータ	96
クルミーリ	100
クレーム・カラメル	95
クレスペッレ・アッラ・フィオレンティーナ	51
クロスタータ	106
コーダ・アッラ・ヴァッチナーラ	70
コトレッタ・アッラ・ミラネーゼ	65
コラテッラ・ダニェッロ	73
コロンバ・パスクアーレ	102

【サ】

ザバイオーネ	95
サルシッチャ・アッラ・グリッリア	64

サルシッチャ・エ・ファジョーリ	74	タリアテッレ・アル・ラグー	47
サルデ・アッラ・グリッリア	82	タリオリーニ・アイ・ポルチーニ	47
サルデ・ア・ベッカフィーコ	82	チーズケーキ	106
サルデ・イン・サオール	26	チーマ・ディ・ラーパ・サルタータ	87
サルティンボッカ	77	チコーリア・イン・パデッラ	87
ジェラート	96	チチェリ・エ・トリア	53
スカモルツァ・パデッラータ	27	チャンベッレ・アル・ヴィーノ	101
スカロッピーナ	77	チャンボッタ	85
スキャッチャータ・アッラ・フィオレンティーナ	103	ティエッラ・ディ・リゾ	61
スキャッチャータ・コン・ルーヴァ	103	ティラミス	95
ズッコット	97	テーゴレ	98
ズッパ・イングレーゼ	97	テスタローリ	49
ズッパ・ディ・ヴェルドゥーラ	39	トリッパ	72
ズッパ・ディ・ファジョーリ	39	トルタ・アル・チョコラート	107
ストゥルーデル	107	トルタ・カプレーゼ	107
ストゥルッツォリ	105	トルタ・マントヴァーナ	105
ストラコット	72	トルティーノ・ディ・カルチョーフィ	27
スパゲッティ・アッラ・カレッティエラ	55	トルテッリーニ・アル・タルトゥーフォ	45
スパゲッティ・アッラ・グリーチャ	57	トルテッリーニ・イン・パンナ	45
スパゲッティ・アッラ・クルダイオーラ	56	トルテッリーニ・イン・ブロード	42
スパゲッティ・アッラ・ブザーラ	54	トルテッローニ	45
スパゲッティ・アッラ・ボッタルガ	54	トローネ	105
スパゲッティ・アッレ・ヴォンゴレ	41	トロフィエ・アル・ペスト	49
スパゲッティ・アル・カルチョーフォ	55		
スパゲッティ・アル・ネロ・ディ・セッピア	40	**【ナ】**	
スパゲッティ・アル・バッカラ	54	ニョッキ	36
スフォリアテッラ・フロッラ	105	ニョッコ・フリット	29
スフォリアテッラ・リッチャ	105	ネッチ	104
セアダス	105		
ゼッポリーネ	29	**【ハ】**	
セミフレッド	110	バーニャ・カオダ	84
		バイコリ	99
【タ】		パスタ・アッラ・ノルマ	56
タッリアータ	69	パスタ・アッラ・パヤータ	57
タヤリン	46	パスタ・アル・フォルノ	37
		パスタ・エ・ファジョーリ	43
		パスタ・コン・レ・サルデ	58
		パスティエラ	107

パターテ・アロスト	90	ブルスケッタ・エ・クロスティーニ	20
バチ・ディ・ダーマ	98	フルッタ・マルトラーナ	109
バッカラ・アッラ・リヴォルネーゼ	78	フルッティ・ディ・マーレ	22
バッカラ・フリット	79	フレーグラ	59
バッカラ・マンテカート	26	プロシュート・エ・メローネ	18
パッサテッリ・イン・ブロード	42	ブロデット	80
パッパ・アル・ポモドーロ	62	フンギ・トリフォラーティ	89
パッパルデッレ・アル・チンギアーレ	47	ペーレ・コッテ・ネル・ヴィーノ	110
パネットーネ	102	ペスカトーラ	41
パネッレ	28	ペッシェ・スパーダ・アッラ・グリッリア	82
ババ	104		
パンツァネッラ	62	ペペロンチーニ・フリッティ	30
パン・デイ・モルティ	103	ペペロンチーニ・リピエーニ	30
パンドーロ	102	ペポーゾ	71
パンナコッタ	94	ボッリート	70
パンフォルテ	104	ポッロ・アル・ペペローネ	75
ビーゴリ・イン・サルサ	48	ポッロ・アル・マットーネ	69
ピーチ・アッラリオーネ	48	ポルチェッドゥ	69
ビスコッティ・ディ・マンドルラ	108	ポルペッテ	74
ビステッカ・アッラ・フィオレンティーナ	68	ポルポ・アッフォガート	81
		ポレンタ	91
ピンツィモーニオ	24	ボンボローネ	104
ファーヴェ・エ・チコーリア	43		
ファジョーリ・アッルッチェッレット	88	**【マ】**	
ファジョーリ・アッローリオ	88	マチェドニア	110
ファルソマーグロ	76	マッケローニ・アッラ・キタッラ・アル・ラグー	47
フィリンデウ	43		
ブーロ・エ・アッチューゲ	21	マッロレッドゥス	59
ブカティーニ・アル・トンノ	58	マリトッツォ	104
ブッソライ・ブラネイ	99	ミッレフォッリエ	106
プッタネスカ	34	ミネストラ	38
ブッリーダ	81	メランザーネ・アッラ・パルミジャーナ	90
ブネ	94		
ブラチョーラ・リファッタ	76	モスタッチョーリ	101
フリッタータ	21	モンデギーリ・アッラ・ヴェルツァ	75
フリッテッレ	105		
フリッテッレ・ディ・ネオナーテ	79	**【ラ】**	
フリット・ミスト・ディ・カルネ	65	ラヴィオリ・アル・ブーロ・エ・サルヴィア	50
フリット・ミスト・ディ・ペッシェ	79		

索引 [第1部] 料理名 アルファベット順

ラヴィオリ・ヌーディ	51
ラザーニャ	37
ランパショーネ・ソッタチェート	92
リゾ・エ・ガンベリ・アル・カリー	61
リゾ・アッラ・ピロータ	60
リゾット・アッラマローネ	61
リゾット・アッラ・ミラネーゼ	60
リゾット・アル・タルトゥーフォ・ビアンコ	61
リッチャレッリ	100
リボッリータ	62
レンティッキエ	88
ローストビーフ	67
ロリギッタス	59

【ン】

ンバナティッヂ	101

【A】

Abbacchio al forno	67
Abbacchio allo scottadito	67
Acquapazza	78
Affettati misti	18
Aglio olio e peperoncino	35
Agnolotti	44
Al burro	35
Al Pomodoro	35
Alici fritte	79
Alici marinate	23
All'alpina	67
Allo scoglio	41
Amaretti	98
Amatriciana	32
Antipasto misto	19
Arancini	28
Arista	66
Arrabbiata	34
Asparagi alla bismark	84

【B】

Babà	104
Baccalà alla livornese	78
Baccalà fritto	79
Baccalà mantecato	26
Baci di dama	98
Bagna caoda	84
Baicoli	99
Bigoli in salsa	48
Biscotti di mandorla	108
Bistecca alla fiorentina	68
Bollito	70
Bombolone	104
Bonet	94
Braciola rifatta	76
Brodetto	80
Bruschetta e crostini	20
Bucatini al tonno	58

Burrida	81
Burro e acciughe	21
Bussolai buranei	99

[C]

Cacciucco	80
Cacio e pepe	35
Canederli	52
Canestrelli	99
Cannoli	104
Cantucci	100
Caponata	85
Caprese	21
Carbonara	33
Carciofo alla giudia	86
Carciofo alla romana	86
Carne cruda	64
Carpaccio	64
Carré d'agnello	66
Cassata	104
Cassoeula	73
Castagnaccio	104
Cavatelli e cicoria	53
Cheese cake	106
Chiacchiere	103
Chitarrine ai piselli	46
Ciambelle al vino	101
Ciambotta	85
Ciceri e tria	53
Cicoria in padella	87
Cima di rapa saltata	87
Coda alla vaccinara	70
Colomba pasquale	102
Coratella d'agnello	73
Cotoletta alla milanese	65
Creme caramel	95
Crespelle alla fiorentina	51
Crostata	106
Cuscus	59

[F]

Fagioli all'olio	88
Fagioli all'uccelletto	88
Falsomagro	76
Fave e cicoria	43
Filindeu	43
Fregula	59
Frittata	21
Frittelle	105
Frittelle di neonate	79
Fritto misto di carne	65
Fritto misto di pesce	79
Frutta martorana	109
Frutti di mare	22
Funghi trifolati	89

[G]

Gattò di patate	91
Gelato	96
Gnocchi	36
Gnocco fritto	29
Granita	96
Gueffus	105

[I]

Insalata di carciofi	25
Insalata di mare	23
Insalata di nervetti	25
Insalata di ovoli	89
Insalata di puntarelle	87
Involtini di pesce spada	82

[K]

Krumiri	100

[L]

Lampascione sott'aceto	92
Lasagna	37
Lenticchie	88

Lorighittas — 59

[M]
Maccheroni alla chitarra al ragù — 47
Macedonia — 110
Malloreddus — 59
Maritozzo — 104
Melanzane alla parmigiana — 90
Millefoglie — 106
Minestra — 38
Mondeghili alla verza — 75
Mostaccioli — 101
'Mpanatigghi — 101

[N]
Necci — 104

[O]
Offelle — 99
Olive all'ascolana — 30
Orecchiette — 52
Ossobuco — 71

[P]
Pan dei morti — 103
Pandoro — 102
Panelle — 28
Panettone — 102
Panforte — 104
Pannacotta — 94
Panzanella — 62
Pappa al pomodoro — 62
Pappardelle al cinghiale — 47
Passatelli in brodo — 42
Pasta al forno — 37
Pasta alla norma — 56
Pasta alla pajata — 57
Pasta con le sarde — 58
Pasta e fagioli — 43
Pastiera — 107
Patate arrosto — 90
Peperoncini fritti — 30
Peperoncini ripieni — 30
Peposo — 71
Pere cotte nel vino — 110
Pescatora — 41
Pesce spada alla griglia — 82
Pici all'aglione — 48
Pinzimonio — 24
Polenta — 91
Pollo al mattone — 69
Pollo al peperone — 75
Polpette — 74
Polpo affogato — 81
Porceddu — 69
Prosciutto e melone — 18
Puttanesca — 34

[R]
Ravioli al burro e salvia — 50
Ravioli nudi — 51
Ribollita — 62
Ricciarelli — 100
Riso alla pilota — 60
Riso e gamberi al curry — 61
Risotto all'amarone — 61
Risotto alla milanese — 60
Risotto al tartufo bianco — 61
Roastbeef — 67

[S]
Salsiccia alla griglia — 64
Salsiccia e fagioli — 74
Saltimbocca — 77
Sarde a beccafico — 82
Sarde alla griglia — 82
Sarde in saor — 26
Scaloppina — 77

Scamorza padellata	27
Schiacciata alla fiorentina	103
Schiacciata con l'uva	103
Seadas	105
Semifreddo	110
Sfogliatella frolla	105
Sfogliatella riccia	105
Spaghetti al baccalà	54
Spaghetti al carciofo	55
Spaghetti al nero di seppia	40
Spaghetti alla bottarga	54
Spaghetti alla busara	54
Spaghetti alla carrettiera	55
Spaghetti alla crudaiola	56
Spaghetti alla gricia	57
Spaghetti alle vongole	41
Stracotto	72
Strudel	107
Struffoli	105

[T]

Tagliata	69
Tagliatelle al ragù	47
Tagliolini ai porcini	47
Tajarin	46
Tegole	98
Testaroli	49
Tiella di riso	61
Tiramisu	95
Torrone	105
Torta al cioccolato	107
Torta caprese	107
Torta mantovana	105
Tortellini al tartufo	45
Tortellini in brodo	42
Tortellini in panna	45
Tortelloni	45
Tortino di carciofi	27
Trippa	72

Trofie al pesto	49

[U]

Umbricelli al tartufo	49

[V]

Verdure sott'olio	92
Vignarola	87
Vitello tonnato	64

[Z]

Zabaione	95
Zeppoline	29
Zuccotto	97
Zuppa di fagioli	39
Zuppa di verdure	39
Zuppa inglese	97

編・著(写真とも)
池田愛美、池田匡克

出版社に雑誌編集者として勤務後、1998年イタリアに渡る。旅と料理のビジュアル・ノンフィクションの分野でインタビュー、取材、撮影、執筆活動を日本、イタリア両国で行う。主な著書は『シチリア美食の王国へ』(東京書籍)、『イタリアの老舗料理店』(角川書店)、『サルデーニャ!』(講談社)、『フィレンツェ美食散歩』『ローマ美食散歩』『アマルフィ＆カプリ島』(以上、ダイヤモンド・ビッグ社)、『伝説のイタリアン、ガルガのクチーナ・エスプレッサ』(河出書房新社)、『Dolce! イタリアの地方菓子』『極旨パスタ』『最新版 ウィーンの優雅なカフェ＆お菓子』(以上、世界文化社)など。
主宰サイト office-rotonda.jp
イタリアの旅と料理をテーマにしたWEBマガジン　saporitaweb.com

ブックデザイン	椎名麻美
校正	株式会社円水社
編集	株式会社世界文化クリエイティブ・川崎阿久里

＊内容に関するお問い合わせは、株式会社世界文化クリエイティブ 電話03(3262)6810 までお願いします。

＊イタリア原産食材のDOP、ならびにワインのDOCG、DOC、IGTなど、本書記載データは2016年5月末の情報によるものである。

知ればもっとおいしい！食通の常識
完全版 イタリア料理手帖
発行日：2016年7月20日　初版第1刷発行

著　者	池田愛美　池田匡克
発行者	髙林祐志
発　行	株式会社世界文化社
	〒102-8187 東京都千代田区九段北4-2-29
	電話：03(3262) 5115 (販売部)
印刷・製本	凸版印刷株式会社

©Manami Ikeda, Masakatsu Ikeda, 2016. Printed in Japan
ISBN 978-4-418-16328-1
無断転載・複写を禁じます。
定価はカバーに表示してあります。
落丁・乱丁のある場合はお取り替えいたします。